Voltaire

Stürmischer als das Meer

Briefe aus England

Herausgegeben, aus dem Französischen
übersetzt und mit einem Nachwort
versehen von Rudolf von Bitter

Diogenes

Dieses Werk ist heute im Original hauptsächlich unter dem
Titel ›Lettres philosophiques‹ bekannt
Die Übertragung von Rudolf von Bitter erschien erstmals
1985 im Diogenes Verlag und wurde für diese Ausgabe vom
Übersetzer überarbeitet
Covermotiv: Gemälde von Maurice Quentin de La Tour,
›Voltaire als junger Mann‹ (Ausschnitt)
Copyright © Bridgeman Images

Inhalt

Erster Brief
Von den Quäkern

Ich fand, dass die Auffassungen und die Geschichte eines so außergewöhnlichen Volkes die Neugierde eines vernünftigen Menschen wert seien. Um es kennenzulernen, habe ich einen der bekanntesten Quäker[1] Englands aufgesucht, der, nachdem er dreißig Jahre lang im Handel tätig gewesen war, seinem Vermögen und seinen Wünschen hatte Grenzen setzen können und sich auf ein Landgut bei London zurückgezogen hatte. Ich suchte ihn in seiner Abgeschiedenheit auf; es war ein kleines, mit Sorgfalt, aber ohne Zierrat solid gebautes Haus. Der Quäker war ein rüstiger alter Herr, der noch nie krank gewesen war, denn

---

1   Von George Fox um 1650 gegründete Religionsgemeinschaft.

9

er kannte weder Leidenschaften noch Unmaß; noch nie in meinem Leben habe ich jemanden so Vornehmes und Sympathisches gesehen wie ihn. Er trug wie alle Leute seines Glaubens eine Tracht ohne seitliche Falten und ohne Knöpfe an Taschen und Ärmeln sowie einen großen Hut mit breiter Krempe wie bei uns die Geistlichen. Er empfing mich mit dem Hut auf dem Kopf und kam auf mich zu, ohne seinen Körper auch nur im Geringsten zu verneigen, aber in seinem offenen und freundlichen Gesichtsausdruck lag mehr Höflichkeit als in der Gewohnheit, einen Kratzfuß zu machen und in der Hand zu halten, was auf den Kopf gehört. »Freund«, sagte er zu mir, »ich sehe, dass du fremd bist. Falls ich dir von irgendeinem Nutzen sein kann, sage es mir nur.«

»Sir«, gab ich zurück, wobei ich mich verbeugte und nach unserer Gewohnheit einen Fuß vorschob, »ich schmeichle mir mit dem Gedanken, dass Ihnen meine schlichte Neugierde nicht missfallen wird und dass Sie mir die Ehre machen, mich in Ihren Glauben einzuweihen.«

»Die Leute deines Landes«, antwortete er mir, »machen zu viele Komplimente und Verbeugungen. Aber bisher habe ich von denen noch keinen gesehen, der so viel wissen wollte wie du. Tritt ein und lass uns zunächst gemeinsam essen.«

Ich machte noch ein paar unpassende Komplimente, weil man seine alten Gewohnheiten nicht mit einem Schlag loswird. Nach einem gesunden und einfachen Mahl, das mit einem Gebet begann und endete, schickte ich mich an, meinen höflichen Wirt zu befragen. Ich begann mit der Frage, die gute Katholiken den Hugenotten[2] mehr als einmal gestellt haben: »Monsieur«, fragte ich ihn, »sind Sie getauft?«

»Nein«, antwortete der Quäker, »und meine Glaubensbrüder sind es auch nicht.«

»Ach herrje, verdammt«, gab ich zurück, »Sie sind also gar keine Christen?«

»Mein Sohn«, erwiderte er sanft, »fluche nicht. Wir sind Christen und bemühen uns, gute Christen zu sein, aber wir glauben nicht, dass das Christentum darin besteht, sich kaltes Wasser, das mit etwas Salz versetzt ist, auf den Kopf zu gießen.«

---

2 Spottname für die Anhänger des Calvinismus in Frankreich (bis 1559 fast die Hälfte der französischen Bevölkerung).

»Himmelherrgott!«, rief ich, ganz ungehalten bei dieser Gottvergessenheit. »haben Sie vergessen, dass Jesus Christ von Johannes getauft worden ist?«

»Freund, noch einmal: Lass die Flüche«, sagte der sanfte Quäker. »Christus wurde von Johannes getauft, er selbst hat aber nie irgendjemanden getauft. Wir sind nicht Schüler des Johannes, sondern Christi.«

»Oje«, meinte ich, »wie Sie verbrannt würden in den Ländern der Inquisition, armer Mann! … Also wirklich! Im Namen Gottes, ich muss Sie taufen und zum Christen machen!«

»Wenn es bloß darum ginge, sich deiner Schwäche wegen dazu herbeizulassen, täten wir es gerne«, erwiderte er gewichtig. »Wir verurteilen niemanden wegen des Gebrauchs der Taufzeremonie, aber wir glauben, dass diejenigen, die sich zu einem so heiligen und so geistlichen Glauben wie dem christlichen bekennen, sich der jüdischen Zeremonien enthalten sollten, soweit sie können.«

»Wie können Sie das nur sagen?!«, rief ich. »Die Taufe eine jüdische Zeremonie!«

»Ja, mein Sohn«, fuhr er fort, »und zwar so

jüdisch, dass manche Juden die Taufe des Johannes bis heute anwenden. Sieh dir die Autoren der Antike an, da wirst du sehen, dass Johannes lediglich einen Brauch wiederaufnahm, der schon lange vor ihm bei den Juden üblich war, so wie die Pilgerfahrten nach Mekka bei den Ismaeliten.[3] Jesus wollte von Johannes getauft werden, genauso wie er sich der Beschneidung unterzog; aber Beschneidung und Waschung sollten alle beide mit der Taufe Christi abgelegt sein, dieser Taufe des Geistes und Reinigung der Seele, die die Menschen erlöst. So sagte es auch der Wegbereiter Johannes: ›Ich taufe euch mit Wasser zur Buße, der aber nach mir kommt, ist stärker als ich, und ich bin nicht wert, ihm die Schuhe zu tragen; der wird euch mit dem Heiligen Geist und Feuer taufen.‹[4] Genauso schrieb der große Apostel der Heiden, Paulus, an die Korinther: ›Denn Christus hat mich nicht gesandt zu taufen, sondern das

---

3   Abgeleitet von dem Namen Ismael, Sohn Abrahams und der Hagar, auf den sich arabische Stämme zurückführen.

4   »Wahrlich …« Matthäus 3,11 und 1 Kor 1,17. Bibelzitate nach der Übersetzung Martin Luthers in der revidierten Fassung von 1984, Stuttgart 1999.

Evangelium zu predigen‹; so taufte dieser Paulus auch nie mit Wasser, zwei Personen ausgenommen, und das auch nur gegen seinen Willen; er beschnitt seinen Schüler Timotheus, und auch die anderen Apostel beschnitten alle, die es wollten. – Bist du beschnitten?«, fügte er hinzu. Ich gab an, diese Ehre nicht zu haben. »Aha, Freund«, sagte er, »du bist Christ, ohne beschnitten, und ich, ohne getauft zu sein.«

So also missbrauchte mein gottergebener Mann auf recht trügerische Art drei oder vier Sätze der Heiligen Schrift, die seine Sekte bestätigten; und mit dem besten Glauben dieser Welt vergaß er einige hundert Passagen, die seinen Ausführungen direkt widersprachen. Ich hielt mich wohlweislich zurück, ihm mit Begründungen zu kommen; bei einem Enthusiasten[5] gibt's nichts zu gewinnen: Es ist falsch, einem Manne etwas von den Fehlern seiner Liebsten zu sagen oder einem Kläger etwas von den Schwachpunkten seiner Sache oder einem Erleuchteten etwas von Begründungen; so ging ich zu anderen Fragen über.

---

5 Enthusiast heißt bei Voltaire oft nichts anderes als Fanatiker.

»Zum Beispiel das Abendmahl«, meinte ich, »wie halten Sie es damit?«

»Gar nicht«, meinte er.

»Was?! Keine Kommunion?«

»Nein, keine andere als die geistige der Herzen.«

Dann zitierte er wieder aus der Schrift. Er hielt einen sehr schönen Sermon gegen das Abendmahl und führte im Ton der Erleuchteten den Beweis, dass alle Sakramente menschliche Erfindungen seien und dass das Wort Sakrament sich nicht ein einziges Mal im Evangelium finde. »Entschuldige meine Unkenntnis«, sagte er, »ich habe dir nicht einmal ein Hundertstel der Beweise meines Glaubens erbracht; du kannst sie aber in Robert Barclays Darstellung genauer nachlesen: Das ist eins der besten Bücher, die jemals von Menschenhand verfasst wurden. Unsere Feinde sind sich einig, dass es sehr gefährlich sei; das zeigt, wie recht er hat.« Ich versprach ihm, dieses Buch gründlich zu lesen, und mein Quäker hielt mich schon für bekehrt.

Darauf legte er mir in kurzen Worten Rechenschaft ab über einige Besonderheiten, die seine Sekte der Geringschätzung der anderen aussetzen. »Gib zu«, sagte er, »dass du einigermaßen Mühe hattest, dir das Lachen zu verkneifen, als ich auf all deine Artigkeiten mit dem Hut auf dem Kopf und dich duzend geantwortet habe; dabei erscheinst du mir zu gebildet, um nicht zu wissen, dass zur Zeit Christi kein Volk auf die Lachhaftigkeit verfallen war, die Einzahl durch die Mehrzahl zu ersetzen. Man sagte zu Kaiser Augustus: ›Ich liebe dich, ich bitte dich, ich danke dir‹; er duldete es noch nicht einmal, dass man ihn mit Dominus, Herr, ansprach. Es war erst lange nach ihm, dass die Menschen darauf kamen, sich mit ›Sie‹ anstelle von ›du‹ anreden zu lassen, als wären sie doppelt, und sich ungebührliche Titel wie Hoheit, Eminenz und Heiligkeit anzumaßen, die sich die Regenwürmer untereinander verleihen, und einander dabei mit tiefem Respekt und infamer Verlogenheit zu versichern, der sehr untertänige und gehorsamste Diener zu sein. Um mehr auf unserer Hut zu sein gegen diesen schamlosen Handel von Lügen und Schmeicheleien, duzen wir Könige und Köhler gleichermaßen und grüßen niemanden, wir, die wir für die Menschen nur Nächstenliebe und Respekt nur vor den Gesetzen haben.

Unsere Kleidung ist auch ein bisschen anders als die der anderen Leute, als ständige Mahnung, es ihnen nicht gleichzutun. Die anderen tragen die Zeichen ihrer jeweiligen Würden und wir die der christlichen Demut; wir machen einen Bogen um die Versammlungen des Vergnügens, das Theater und das Spiel, denn wir wären wohl recht zu bedauern, wenn wir unser Herz, in dem Gott wohnen soll, mit solchen Nebensächlichkeiten erfüllten. Wir leisten keine Eide, auch nicht vor Gericht; wir meinen, dass der Name des Höchsten nicht für die elenden Zwiste der Menschen missbraucht werden soll. Wenn es nötig ist, dass wir vor dem Richter erscheinen wegen der Streitsachen anderer (denn wir prozessieren niemals), bezeugen wir die Wahrheit mit einem *Ja* oder einem *Nein,* und die Richter glauben uns auf unser schlichtes Wort, während so viele Christen meineidig auf das Evangelium schwören. Wir ziehen nicht in den Krieg; nicht, weil wir Angst hätten vor dem Tod, im Gegenteil, wir preisen den Augenblick, der uns mit dem höchsten Wesen vereint; sondern weil wir weder Wölfe noch Tiger, noch Doggen sind, sondern Menschen, Christen. Unser Gott, der uns befohlen hat, unsere Feinde zu lieben und klaglos zu leiden, will bestimmt nicht, dass wir das Meer überqueren, um unsere Brüder niederzumetzeln, nur weil rotgekleidete Mordskerle mit zwei Fuß hohen Mützen auf dem Kopf und dem Lärm zweier Stöcke auf einer gespannten Eselshaut die Bürger anwerben. Und wenn nach einem Sieg ganz London strahlt unter der Beleuchtung, der Himmel in Flammen steht von Raketen und die Luft bebt von Danksagungen, Glocken, Orgeln und Kanonen, dann beklagen wir still die Mordtaten, die des allgemeinen Jubels Anlass sind.«

Zweiter Brief
Von den Quäkern

So ungefähr war das Gespräch, das ich mit diesem sehr besonderen Mann hatte; aber noch überraschter war ich, als er mich am folgenden Sonntag mitnahm zur Kirche der Quäker. Sie haben mehrere Kapellen in London; die, wohin ich ging, ist in der Nähe jener bekannten Säule, die man *das Monument*[1] nennt. Als ich mit meinem Führer eintrat, war man bereits versammelt. Es waren ungefähr vierhundert Männer in der Kirche und dreihundert Frauen: Die Frauen verdeckten ihre Gesichter mit ihren Fächern, die Männer unter den breiten Krempen ihrer Hüte; alle saßen, alle in tiefem Schweigen. Ich ging

[1] Mahnmal zum Gedenken der Feuersbrunst in London 1666.

mitten zwischen ihnen hindurch, ohne dass ein Einziger seinen Blick auf mich gerichtet hätte. Dieses Schweigen dauerte eine Viertelstunde. Schließlich erhob sich einer von ihnen, lüpfte seinen Hut und redete, nach einigen Grimassen und Seufzern, halb mit dem Mund, halb durch die Nase, ein verschrobenes Zeug nach dem Evangelium daher, woran er glaubte und wovon weder er noch sonst irgendjemand etwas verstand. Als dieser Fratzenschneider sein hübsches Selbstgespräch beendet hatte und die Versammlung sich ganz erbaut und beduselt aufgelöst hatte, fragte ich meinen Mann, warum die Klügeren von ihnen derartige Albernheiten über sich ergehen ließen. »Wir müssen sie dulden«, sagte er, »weil wir nicht wissen können, ob einer, der sich erhebt, um zu sprechen, vom Geist oder vom Wahn erleuchtet ist; im Zweifel hören wir ganz geduldig zu, wir erlauben sogar den Frauen zu reden. Oft sind zwei oder drei der Gläubigen auf einmal erleuchtet, und dann erhebt sich ein ganz schöner Lärm im Hause des Herrn.« – »Sie haben also keine Priester?«, fragte ich. – »Nein, mein Freund«, meinte der Quäker, »und wir fühlen uns wohl dabei.« Hierauf schlug er ein Buch seiner

Freunde, wie er es nannte, auf und las mit Nach-
druck folgende Worte vor: »Gott verhüte, dass
wir uns unterfangen, jemanden zu bestimmen,
der jeden Sonntag den Heiligen Geist unter Ausschluss der anderen Gläubigen empfängt.« Und
setzte hinzu: »Dank sei dem Himmel, dass wir die
Einzigen sind auf Erden, die keine Priester haben.
Würdest du uns einen so schönen Unterschied
nehmen wollen? Warum sollten wir unser Kind
bezahlten Ammen überlassen, wenn wir selbst
Milch haben, die wir ihm geben können? Diese
Söldner würden bald das Haus beherrschen und
Mutter und Kind unterdrücken. Gott hat gesagt:
›Umsonst habt ihr's empfangen, umsonst gebt es
auch.‹[2] Werden wir nach diesen Worten um das
Evangelium feilschen, den Heiligen Geist ver-
kaufen und aus einer Versammlung von Christen
einen Kaufladen machen? Wir geben kein Geld
an schwarzgekleidete Männer, damit sie unseren
Armen beistehen, unsere Toten beerdigen, den
Gläubigen predigen; diese heiligen Verrichtungen
sind uns zu teuer, um sie anderen zu überlassen.«
    »Aber wie können Sie erkennen«, beharrte

2   Matthäus 10,8.

ich, »ob es der Geist Gottes ist, der Sie in Ihren Reden beseelt?« – »Wer auch immer Gott bittet, ihn zu erleuchten«, sagte er, »und wer die Wahrheiten des Evangeliums, die er empfindet, verkündet, der sei sicher, dass Gott ihn erleuchtet.« Darauf überschüttete er mich mit Zitaten aus der Schrift, die seiner Meinung nach zeigten, dass es kein Christentum gibt ohne unmittelbare Offenbarung, und fügte folgende bemerkenswerte Worte hinzu: »Wenn du eines deiner Glieder sich bewegen lässt, ist es deine eigene Kraft, die es bewegt? Sicherlich nicht, denn dieses Glied macht häufig unbeabsichtigte Bewegungen. Also ist es der, der deinen Leib geschaffen hat, der diesen Erdenkörper bewegt. Und die Ideen, die deine Seele empfängt – bist du es, der sie formt? Noch weniger, denn sie kommen von allein. Es ist also der Schöpfer deiner Seele, der dir deine Gedanken gibt; da er nun aber deinen Gefühlen alle Freiheit gelassen hat, gibt er deinem Verstand die Gedanken, die dein Herz verdient. Du lebst in Gott, du handelst, und du denkst in Gott. Du brauchst also nur die Augen zu öffnen für dieses Licht, das alle Menschen erleuchtet. Da wirst du die Wahrheit sehen, und du wirst sie andere sehen lassen.«

»Ah, sieh da! Das ist ja reinster Malebranche!«, rief ich. »Ich kenne deinen Malebranche«, meinte er, »er war in etwa ein Quäker, aber er war es nicht genug.«

Dies hier ist das Wichtigste, was ich über die Lehre der Quäker erfahren habe. Im nächsten Brief werden Sie ihre Geschichte finden, die Ihnen noch spezieller als ihre Lehre vorkommen wird.

Dritter Brief
Von den Quäkern

Sie haben bereits gesehen, dass die Quäker sich von Jesus Christus herleiten, der nach ihrer Meinung der erste Quäker war. Der Glaube, sagen sie, wurde bald nach seinem Tod verdorben und blieb es ungefähr 1600 Jahre; aber es hat immer irgendwelche verborgenen Quäker auf der Welt gegeben, die sich um die Erhaltung des sonst überall erloschenen Feuers kümmerten, bis sich dieses Feuer schließlich im Jahr 1642 in England ausbreitete.

Es war zu der Zeit, als drei oder vier Sekten durch im Namen Gottes angezettelte Bürgerkriege[1] Großbritannien zerrütteten, dass einer

---

1 Der Bürgerkrieg zwischen Cromwell und König Charles 1. von England dauerte von 1641 bis 1647.

namens George Fox, aus der Grafschaft Leicester, Sohn eines Seidenwebers, darauf kam, als wahrer Apostel zu predigen, wie er das damals nannte, das heißt, ohne lesen oder schreiben zu können; er war ein junger Mann von 25 Jahren, von untadeligen Sitten und ein heiliger Spinner. Er hüllte sich von Kopf bis Fuß in Leder, ging von Dorf zu Dorf und schimpfte auf Krieg und Klerus. Hätte er bloß gegen das Soldatentum gepredigt, er hätte nichts zu fürchten gehabt; aber er griff die Kirchenleute an: So steckte man ihn bald ins Gefängnis. Nach Derby vor das Friedensgericht gebracht, trat Fox mit seiner Ledermütze auf dem Kopf vor den Richter. Ein Scherge gab ihm eine saftige Ohrfeige und sagte zu ihm: »Du Lump, weißt du nicht, dass man vor dem Richter barhäuptig zu erscheinen hat?« Fox hielt die andere Wange hin und bat den Schergen, ihm doch bitte um Gottes Willen noch eine Ohrfeige zu versetzen. Der Richter von Derby wollte ihn vor dem Befragen vereidigen. »Mein Freund«, sagte er zu dem Richter, »wisse, dass ich den Namen Gottes niemals unnütz nenne.« Als der Richter merkte, dass dieser Mann ihn duzte, schickte er ihn in die Petites Maisons[2] von Derby, um ihn dort peitschen zu lassen. George Fox ging, Gott preisend, in das Narrenhospital, wo man den Spruch des Richters sogleich in aller Gründlichkeit ausführte. Jene, die diese Strafe an ihm vollzogen, waren recht erstaunt, als er sie bat, ihm zum Heil seiner Seele noch ein paar Rutenschläge mehr zu verabreichen. Die Herren ließen sich nicht bitten; Fox erhielt seine doppelte Portion und dankte ihnen sehr herzlich dafür. Er begann, zu ihnen zu predigen; erst lachte man, dann lauschte man; und da Enthusiasmus eine ansteckende Krankheit ist, ließen sich einige überzeugen, und die ihn ausgepeitscht hatten, wurden seine ersten Schüler.

Aus dem Gefängnis entlassen, durchzog er mit einem Dutzend Anhänger die Lande und predigte gegen den Klerus, hin und wieder wurde er auch ausgepeitscht. Eines Tages, er stand gerade am Pranger, redete er mit so viel Kraft zum Volk, dass er an die fünfzig Zuhörer überzeugte, und die übrigen nahm er so für sich ein, dass sie ihm mit Ungestüm aus der Klemme halfen. Es wurde

2   »Nervenheilanstalt« von Paris zur Zeit Voltaires.

der anglikanische Pfarrer geholt, auf dessen Betreiben Fox zu jener Folter verurteilt worden war, und seinerseits an den Pranger gestellt.

Er traute sich auch, einige Soldaten Cromwells zu bekehren, die sich vom Kriegshandwerk abwandten und den Eid verweigerten. Cromwell wollte keine Sekte, in der man sich nicht schlug, genauso wie Sixtus V. sich nichts Gutes von einer Sekte versprach, *dove non si chiavava*[3]. Er bediente sich seiner Macht, um diese Neuen zu verfolgen, und füllte die Gefängnisse mit ihnen; aber Verfolgungen haben selten eine andere Wirkung, als die Zahl der Anhänger zu vergrößern: Sie verließen die Gefängnisse in ihrem Glauben bestärkt und gefolgt von ihren Kerkermeistern, die sie bekehrt hatten.

Doch hier, was am meisten zur Verbreitung der Sekte beitrug: Fox hielt sich für erleuchtet. Folglich glaubte er, auf andere Art als andere Menschen reden zu müssen; er fing an zu zittern, sich zu krümmen und zu grimassieren, seinen Atem anzuhalten und ihn heftig auszustoßen; die del-

---

3 Wo man's nicht trieb – Voltaire benutzt hier einen vulgären italienischen Begriff.

phische Priesterin[4] hätte es nicht besser gekonnt. In kurzer Zeit hatte er viel Routine mit der Erleuchtung, und bald stand es kaum noch in seiner Macht, anders zu sprechen. Dieses war die erste Gabe, die er seinen Schülern mitgab. Sie schnitten guten Glaubens alle Grimassen ihres Meisters und zitterten mit aller Kraft bei der Erleuchtung. So erhielten sie den Namen *Quaker*, was *Zitterer* heißt. Die einfachen Leute machten sich einen Spaß daraus, sie nachzuahmen. Man zitterte, man sprach durch die Nase, hatte Gliederzucken und glaubte, den Heiligen Geist in sich zu haben. Es fehlten ihnen noch ein paar Wunder, und die vollbrachten sie.

Der Patriarch Fox sagte öffentlich, vor einer großen Versammlung, zu einem Friedensrichter: »Freund, hüte dich; Gott wird dich bald dafür bestrafen, dass du Männer Gottes verfolgst.« Dieser Richter war ein Säufer, der täglich zu viel schlechtes Bier und Schnaps trank; zwei Tage später, genau in dem Augenblick, als er eine Anordnung zur Festnahme einiger Quäker unterzeichnet

---

4 Anspielung auf Pythia, die Priesterin des Orakels in Delphi.

hatte, starb er an einem Schlaganfall. Dieser plötzliche Tod wurde keineswegs der Unmäßigkeit des Richters zugeschrieben; alle betrachteten ihn als Auswirkung der Voraussage des heiligen Mannes.

Dieser Tod machte mehr Menschen zu Quäkern, als tausend Predigten und ebenso viel Gliederzucken vermocht hätten. Cromwell, der sah, wie ihre Anzahl täglich zunahm, wollte sie auf seine Seite ziehen: Er ließ ihnen Geld anbieten, doch sie waren unbestechlich; einmal bezeichnete er diese als die einzige Glaubensrichtung, der er mit seinem Geld nicht habe beikommen können.

Unter Charles II. wurden sie gelegentlich verfolgt, doch nicht ihres Glaubens wegen, sondern weil sie dem Klerus nicht den Zehnten zahlen wollten, die Richter duzten und sich weigerten, die gesetzlich vorgeschriebenen Eide zu leisten.

Schließlich legte Robert Barclay, ein Schotte, 1678 dem König seine *Apologie der Quäker* vor, ein Werk so gut, wie es nur möglich war. Die Widmung an Charles II. enthält keine flauen Schmeicheleien, sondern offene Aussagen und nützliche Ratschläge.

»Du hast«, sagt er am Ende seiner Widmung an Charles, »geschmeckt von der Süße und Bitternis, vom Wohlergehen und von den größten Unglücken; du weißt, was es heißt, aus dem Land deiner Geburt gejagt zu werden; du hast die Last der Unterdrückung gespürt, und du musst wissen, wie verabscheuungswürdig der Unterdrücker vor Gott und den Menschen ist. Wenn sich dein Herz nach so vielen Prüfungen und Wohltaten verhärtete und den Gott vergäße, der sich deiner bei deinen Missgeschicken entsann, dann wäre dein Verhalten umso verwerflicher und das Urteil über dich umso schrecklicher. Statt also die Schmeichler deines Hofes anzuhören, höre die Stimme deines Gewissens, die dir niemals schmeicheln wird. Dein treuer Freund und Untertan Barclay.«

Noch erstaunlicher ist, dass dieser Brief, von einem unbekannten Einzelnen an einen König geschrieben, seine Wirkung hatte und die Verfolgung ein Ende nahm.

Vierter Brief
Von den Quäkern

Um diese Zeit[1] tauchte der berühmte William Penn auf, der die Macht der Quäker in Amerika begründete und der ihnen auch in Europa Respekt verschafft hätte, wenn die Leute Tugend auch in lachhafter Erscheinung achten könnten; er war einziger Sohn des Ritters Penn, Vizeadmiral von England und Günstling des Herzogs von York, des späteren James II.

William Penn machte im Alter von zwanzig Jahren in Oxford, wo er studierte, die Bekanntschaft eines Quäkers; dieser Quäker überzeugte ihn, und der junge Mann, der lebhaft, von Natur beredt und einnehmend in Auftritt und Erscheinung war, gewann bald einige seiner Kommili-

1 Die englische Ausgabe präzisiert: 1666.

tonen. Nach und nach baute er eine Gesellschaft junger Quäker auf, die sich bei ihm versammelte; dergestalt, dass er mit wenig mehr als zwanzig Jahren ein Haupt der Sekte war. Als er nach dem Ende der Collegezeit wieder zu seinem Vater kam, dem Vizeadmiral, sprach er ihn, statt nach Brauch der Engländer vor ihm niederzuknien und ihn um seinen Segen zu bitten, mit dem Hut auf dem Kopf an und sagte: »Ich bin sehr froh, mein Freund, dich bei guter Gesundheit zu sehen.« Der Vizeadmiral meinte, sein Sohn habe den Verstand verloren, merkte dann aber, dass er Quäker war. Er versuchte mit allen der menschlichen Vernunft möglichen Mitteln, ihn dazu zu bringen, so zu leben wie jeder andere. Die Antwort des jungen Mannes war die Aufforderung an seinen Vater, seinerseits auch Quäker zu werden.

Schließlich begnügte sich der Vater, ihn um nichts anderes mehr zu bitten, als den König oder den Herzog von York mit dem Hut unter dem Arm besuchen zu gehen und nicht du zu sagen. William gab zurück, dass ihm sein Gewissen das nicht erlaube und dass es besser sei, Gott zu gehorchen als den Menschen. Der empörte und verzweifelte Vater jagte ihn aus dem Haus. Der junge

Penn dankte Gott für das, was er schon jetzt um seiner Sache willen zu leiden hatte; er ging predigen in der Stadt und gewann dort viele Anhänger.

Da die Predigten der Pastoren immer weniger Zuhörer fanden und weil Penn jung, schön und gut gebaut war, kamen auch die Frauen vom Hof und aus der Stadt andächtig herbeigelaufen, um ihn zu hören. Der Patriarch George Fox kam aufgrund seines Rufes vom anderen Ende Englands, um ihn in London zu sehen; beide beschlossen, im Ausland zu missionieren. Nachdem sie eine gute Anzahl Arbeiter zurückgelassen hatten, die sich um die Weinstöcke von London kümmerten, schifften sie sich nach Holland ein. Ihre Arbeit hatte erfreulichen Erfolg in Amsterdam; was sie aber am meisten ehrte und ihre Demut am stärksten auf die Probe stellte, war der Empfang, den ihnen die pfälzische Prinzessin Elisabeth bereitete, eine Tante von George I., König von England, die berühmt war für ihre Klugheit und ihr Wissen und der Descartes seinen philosophischen Roman[2] gewidmet hatte.

2 Les Passions de l'âme (*Die Leidenschaften der Seele*, 1649).

Sie lebte damals zurückgezogen in Den Haag, wo sie die *Freunde* traf, wie man die Quäker damals in Holland nannte; sie hatte mehrere Begegnungen mit ihnen, sie predigten oft bei ihr, und sie gestanden ihr immerhin zu, dass, wenn aus ihr auch keine vollkommene Quäkerin wurde, sie vom Himmelreich nicht weit entfernt war.

Die Freunde säten auch in Deutschland, ernteten aber wenig. Man fand keinen Geschmack an der Duzmode in einem Land, wo man stets Ausdrücke wie Hoheit und Exzellenz im Munde führen muss. Bald kehrte Penn auf die Nachricht von der Erkrankung seines Vaters hin nach England zurück; er sah ihn noch in seinen letzten Zügen. Der Vizeadmiral vertrug sich mit ihm und umarmte ihn zärtlich, trotz seines anderen Glaubens; William forderte ihn vergebens auf, die Sakramente nicht zu empfangen und als Quäker zu sterben; der gute alte Mann riet seinem William umsonst, sich Manschettenknöpfe und eine Hutschnur zuzulegen.

William erbte ein großes Vermögen, worunter sich Forderungen befanden für Vorschüsse, die der Vizeadmiral bei seinen Unternehmungen in Übersee geleistet hatte. Damals war nichts weniger gesichert als vom König geschuldetes Geld; Penn musste mehr als einmal Charles II. und seine Minister duzen gehen wegen der Bezahlung. 1680 übereignete ihm die Regierung anstelle von Geld das Eigentum und die Unabhängigkeit einer amerikanischen Provinz südlich von Maryland: Und eh er sich's versah, war ein Quäker Landesherr geworden. Er brach zu seinem neuen Staatsgebiet mit zwei Schiffen voller Quäker auf, die seine Anhänger waren. Seitdem nannte man das Land nach Penns Namen *Pennsylvania.* Dort gründete er die Stadt *Philadelphia,* die heute wahrlich blüht. Er begann, sich mit den amerikanischen Nachbarn zu verbünden. Das ist der einzige Vertrag zwischen diesen Völkern und Christen, der nicht beeidigt und nicht gebrochen wurde. Der neue Herrscher wurde auch Pennsylvanias Gesetzgeber; er erließ sehr weise Gesetze, von denen bisher keines geändert wurde. Deren erstes ist, niemanden seines Glaubens wegen zu misshandeln und jeden, der an einen Gott glaubt, als Bruder anzusehen.

Er hatte seine Herrschaft kaum begründet, als mehrere amerikanische Kaufleute diese Kolonie bevölkern kamen. Die Eingeborenen des Landes passten sich nach und nach den Quäkern an, statt in die Wälder zu flüchten: Sosehr sie die anderen Christen, die Eroberer und Zerstörer Amerikas, hassten, so sehr schätzten sie diese Neuen. In kurzer Zeit kamen viele angeblich Wilde, denen es die Sanftmut ihrer Nachbarn angetan hatte, und baten William, sie als seine Untertanen aufzunehmen. Das war wohl ein ungewohnter Anblick, so ein Herrscher, den alle Welt duzte, zu dem man mit dem Hut auf dem Kopf sprach, ein Staat ohne Priester, ein Volk ohne Waffen, alle Bürger gleich bis hin zur Gerichtsbarkeit und Nachbarn ohne Neid.

William Penn konnte von sich behaupten, das Goldene Zeitalter, von dem man so viel spricht und das es wahrscheinlich nur in Pennsylvania gegeben hat, auf Erden verwirklicht zu haben. Wegen der Angelegenheiten seines neuen Landes kehrte er nach dem Tod Charles' II. nach England zurück. König James II., der seinen Vater geschätzt hatte, übertrug die Sympathien auf den Sohn und betrachtete ihn nicht mehr als obskuren Sektierer, sondern als herausragenden Mann; die Politik des Königs entsprach darin seiner Neigung. Er wollte sich bei den Quäkern einschmeicheln, als er die gegen die Andersgläubigen gemachten Gesetze abschaffte, um bei dieser Gelegenheit den katholischen Glauben wieder einführen zu können. Alle Sekten Englands sahen die Falle und fielen nicht darauf herein; sie sind bis heute vereint gegen den Katholizismus, ihren gemeinsamen Feind. Penn dagegen glaubte nicht, auf seine Prinzipien verzichten zu müssen zugunsten der Protestanten, die ihn hassten, gegen einen König, der ihn schätzte. Er hatte die Gedankenfreiheit in Amerika eingeführt, und er hatte keine Lust, den Eindruck zu erwecken, sie in Europa zerstören zu wollen; also blieb er James II. treu bis zu dem Moment, als man ihn beschuldigte, ein Jesuit[3] zu sein. Diese Verleumdung setzte ihm erheblich zu, er war gezwungen, sich in öffentlichen Schriften dagegen zu verwahren. Zugleich verlor der unselige James II., den wie fast alle Stuarts Größe und Schwäche prägten und der wie sie zu wenig und zu viel daraus machte, sein Königreich, ohne dass man hätte sagen können, wie das passiert war.

Alle englischen Sekten erhielten von William III. und seinem Parlament eben dieselbe

3 Mitglied der von Ignatius von Loyola gegründeten Gesellschaft Jesu (Societas Jesu).

Freiheit, die sie aus den Händen James' nicht hatten empfangen wollen. Dies war die Zeit, als die Quäker kraft Gesetzes in den Genuss all der Privilegien zu kommen begannen, die sie jetzt genießen. Penn kehrte nach Pennsylvania zurück, nachdem er seine Sekte in seinem Geburtsland endlich gesichert und gefestigt wusste. Die Seinen und die Amerikaner empfingen ihn unter Freudentränen wie einen Vater, der heimkehrt zu seinen Kindern. Alle seine Gesetze waren in seiner Abwesenheit fromm beachtet worden, was noch kein Gesetzgeber vor ihm erlebt hat. Er blieb einige Jahre in Pennsylvania; schließlich verließ er es unfreiwillig, um in London neue Vorteile für den Handel der Pennsylvanier zu erreichen. Seither lebte er in London bis ins hohe Alter, angesehen als Haupt eines Volkes und eines Glaubens. Er starb erst 1718.

Seinen Nachfahren erhielt man Besitz und Herrschaft über Pennsylvania, das sie dem König für 12 000 Louis d'or verkauften. Die Geschäfte des Königs erlaubten ihm nur, 1000 davon zu bezahlen. Ein französischer Leser wird vielleicht glauben, dass die Regierung den Rest in Schuldscheinen bezahlte und schon einmal die Herrschaft an sich brachte. Mitnichten: Als die Krone die Bezahlung der gesamten Summe in der festgelegten Zeit nicht leisten konnte, wurde der Vertrag annulliert, und Penns Familie trat wieder in ihre Rechte ein.

Ich kann nicht vorhersagen, wie es mit den Quäkern in England weitergeht, aber ich sehe, wie sie in London immer weniger werden. In allen Ländern schluckt die herrschende Glaubensrichtung, wenn es keine Verfolgung gibt, auf die Dauer alle anderen. Die Quäker können nicht Parlamentsmitglieder werden noch irgendein Amt ausüben, weil sie dazu Eide ablegen müssten, aber nicht schwören wollen. Sie sind darauf angewiesen, ihr Geld im Handel zu verdienen; ihre Kinder, reich vom Fleiß der Väter, wollen Freunde haben und Ehren, Knöpfe und Manschetten; sie schämen sich, Quäker genannt zu werden, und werden Protestanten, damit sie mit der Mode gehen können.

Fünfter Brief
Vom anglikanischen Glauben

Dies hier ist das Land der Sekten. Ein Engländer kommt auf dem Weg, der ihm passt, als freier Mann in den Himmel.

Indessen ist – obwohl hier jeder auf seine Weise Gott dienen kann – ihr wirklicher Glaube, der, mit dem man es zu etwas bringt, die Sekte der Episkopalen, anglikanische[1] Kirche genannt, oder einfach die Kirche. Man kommt weder in England noch in Irland beruflich weiter, ohne zu den Anglikanern zu gehören; dieser überzeugende Grund hat so viele Andersgläubige bekehrt, dass heute nicht einmal mehr ein Zwanzigstel des Volkes außerhalb des Schoßes der herrschenden Kirche ist.

[1] Unter Elisabeth 1. wurde der Anglikanismus Staatsreligion (1562).

Der anglikanische Klerus hat viele katholische Sitten beibehalten, insbesondere die, mit gewissenhafter Aufmerksamkeit den Zehnten zu erheben. Dazu kommt der fromme Ehrgeiz zu herrschen.

Außerdem stiftet er seine Schafe, so viel er kann, zu einem heiligen Eifer gegen die Andersgläubigen an. Dieser Eifer war recht lebhaft unter der Herrschaft der Tories während der letzten vier Jahre Königin Annes; aber er bewirkte nicht viel mehr Unheil als ein gelegentliches Einwerfen der Kirchenfenster bei den Ketzern, denn das Wüten der Sekten hat in England mit den Bürgerkriegen aufgehört, und es waren unter Königin Anne nur mehr die gedämpften Töne eines noch lange nach dem Sturm bewegten Meeres. Als die Whigs und die Tories[2] ihr Land spalteten wie früher die Welfen und Waiblinger[3], war es wohl nötig, dass

2 Die Whigs sind die Mitglieder der ursprünglich antikatholischen Parlamentspartei in England, die sich auf das Bürgertum stützt. Die Tories sind die monarchistisch eingestellten Parteigänger der Stuarts.
3 Die Kämpfe der Welfen und Waiblinger (Guelfen und Ghibellinen) in Italien sind ohne Beziehung zur Hausgeschichte der Welfen. Guelfen und Ghibellinen entstanden während des Kampfs der Anhänger des Welfen

sich Glaube und Parteien verbanden. Die Tories waren fürs Episkopat[4], die Whigs wollten es abschaffen, doch sie haben sich damit begnügt, es zu schwächen, als sie die Herrschaft erlangten.

Zu der Zeit, als Graf Harley von Oxford und Lord Bolingbroke auf die Gesundheit der Tories trinken ließen, betrachteten sie die anglikanische Kirche als Verteidiger ihrer heiligen Rechte. Die Versammlung des niederen Klerus, die eine aus Klerikern zusammengesetzte Art Gemeindekammer ist, genoss damals einiges Ansehen; zumindest war sie im Genuss der Freiheit, sich zu versammeln, Streitfragen zu besprechen und von Zeit zu Zeit unfromme Bücher verbrennen zu lassen, d. h. solche, die gegen sie geschrieben waren. Die Regierung, heute Whig, erlaubt diesen Herren nicht einmal, ihre Versammlung abzuhalten; ihnen bleibt nichts übrig, als in der Verbor-

Otto IV. und des Staufers Friedrich II. (Waiblinger). 1212–1218 als Bezeichnungen für die Parteien gegen das Kaisertum (Guelfen) bzw. der Reichsanhänger (Ghibellinen). Später, Ende des 13. Jahrhunderts, Bezeichnung für politische Parteien (Guelfen – Volkspartei, Ghibellinen – Adel) oder Machtgruppen. Die Begriffe blieben bis ins 17. Jahrhundert lebendig.

4 Kirche mit bischöflicher Verfassung.

genheit ihres Sprengels Gott um seinen Segen für die Regierung bitten, die sie eigentlich gern stören würden. Was die insgesamt 26 Bischöfe angeht, so sitzen die zum Verdruss der Whigs in der Oberkammer, weil der alte oder schlechte Brauch, sie als Barone zu betrachten, noch immer besteht. Aber sie haben in der Kammer nicht mehr Macht als die Herzöge und Pairs im Pariser Parlament. Es gibt eine Klausel im an den Staat geleisteten Eid, die die christliche Geduld dieser Herren auf die Probe stellt.

Man gelobt dort, zur Kirche zu gehören, wie diese vom Gesetz eingesetzt ist. Es gibt kaum einen Bischof, Dekan oder Erzpriester, der sich nicht auf göttliches Recht beruft; es ist für sie also ein beachtlicher Anteil Selbstkasteiung darin, zugeben zu müssen, alles einem elenden Gesetz von ungeweihten Laien zu verdanken. Ein Mönch (Pater Courayer) hat vor kurzem ein Buch geschrieben, um die Gültigkeit der anglikanischen Weihen, auch für Nachfolger, zu beweisen. In Frankreich ist das Werk verboten worden; doch glauben Sie, es hätte der englischen Regierung gefallen? Keineswegs. Diese verfluchten Whigs kümmerte es reichlich wenig, ob die episkopale

Nachfolge bei ihnen unterbrochen war oder nicht und ob Bischof Parker in einer Kneipe (wie behauptet wird) oder in einer Kirche geweiht wurde; sie möchten vielmehr, dass die Bischöfe ihre Autorität vom Parlament beziehen statt von den Aposteln. Lord B…[5] meint, dass diese Idee vom göttlichen Recht nur Tyrannen in Bischofsmantel und Chorhemd, das Gesetz hingegen Staatsbürger schafft.

Was den Lebenswandel angeht, lebt der anglikanische Klerus geregelter als der französische; hier der Grund: Die Kleriker werden in den Universitäten von Oxford oder Cambridge ausgebildet, weit weg von der Verderbtheit der Hauptstadt; zu kirchlichen Würden werden sie erst sehr spät berufen, in einem Alter, in dem den Menschen, wenn es ihrem Ehrgeiz an Nahrung fehlt, als einzige Leidenschaft noch der Geiz geblieben ist. Ämter sind hier die Entschädigung für lange Dienste in der Kirche ebenso wie in der Armee; man sieht hier keine jungen Bischöfe und Oberste, die gerade von der Schule kom-

5   Voltaire schiebt gelegentlich Bolingbrokes Namen vor, wenn er etwas Gewagtes behauptet.

men. Dazu sind die Priester fast alle verheiratet; die in den Universitäten angenommene Schroffheit und der wenige Umgang, den man hier mit den Frauen hat, bewirken, dass ein Bischof sich normalerweise mit der seinigen zufriedengeben muss. Die Priester gehen manchmal ins Wirtshaus, weil der Brauch es ihnen erlaubt, und wenn sie sich betrinken, dann seriös und ohne Skandal.

Jenes undefinierte Wesen, das weder Kleriker noch weltlich ist, was man mit einem Wort einen Abbé[6] nennt, ist eine in England unbekannte Gattung; die Kleriker hier sind alle verschlossen und fast alle Streber. Wenn sie hören, dass in Frankreich junge Leute, bekannt für ihre Ausschweifungen und mit Hilfe weiblicher Intrigen zu Prälaten gemacht, ganz offen Frauen nachstellen, sich mit dem Dichten zärtlicher Lieder amüsieren, alle Tage erlesene und lange Essen geben, um so den Heiligen Geist herabzuflehen, und sich kühn Nachfolger der Apostel nennen, dann danken sie Gott, Protestanten zu sein. Trotzdem sind das

---

6   Abbé ist der Titel der niederen Weltgeistlichen in Frankreich.

üble Ketzer, bei allen Teufeln zu verbrennen, wie Meister François Rabelais sagt; deshalb halte ich mich auch aus ihren Angelegenheiten heraus.

Sechster Brief
Von den Presbyterianern

Der anglikanische Glaube ist nur in England und Irland verbreitet. In Schottland herrscht der Presbyterianismus vor. Das ist nichts anderes als reiner Calvinismus[1], so wie er in Frankreich eingeführt worden ist und in Genf noch besteht. Da die Priester dieser Sekte von ihrer Kirche nur sehr mäßig bezahlt werden und daher nicht im selben Luxus leben können wie die Bischöfe, sind sie ganz natürlich dazu übergegangen, sich über die Ehren, die sie nicht erlangen können, zu empören. Stellen Sie sich den stolzen Diogenes vor, wie er Platos Stolz mit Füßen tritt: Die Presbyterianer sind diesem hochmütigen wie

1   Die Glaubensrichtung der Presbyterianer; gegründet von John Knox, den Calvinismus gründete Jean Calvin.

armen Nörgler ziemlich ähnlich. Sie behandelten König Charles ii. noch unverschämter als Diogenes Alexander. Denn als sie für ihn die Waffen gegen Cromwell ergriffen, der sie getäuscht hatte, ließen sie den armen König vier Gebete täglich ertragen; sie verboten ihm zu spielen; sie ließen ihn Buße tun; so ausgiebig, dass Charles es bald müde wurde, König solcher Oberlehrer zu sein, und sich ihrem Zugriff entzog wie ein Schüler, der aus dem Internat ausbricht.

Neben einem jungen und lebhaften französischen Abiturienten, der morgens in der Andacht kräht und abends mit den Damen singt, ist ein anglikanischer Theologe ein Cato; neben einem schottischen Presbyterianer aber erscheint dieser Cato wie ein Salonlöwe. Jener trägt einen wichtigen Gang zur Schau und tut verärgert, trägt einen weiten Hut, einen langen Mantel über dem kurzen Rock, predigt durch die Nase und bezeichnet als Hure Babylon jede Kirche, in der ein paar Kleriker das Glück haben, 50 000 Livres[2] Rente

---

2   Der Livre tournois (geprägt in Tours) hatte den Wert eines Louis d'or mit einem Goldgehalt von 22 Karat. In den Jahren 1726–1785 enthielt er 0,312g Gold, was heute etwa dem Wert von 10 Euro entspricht.

zu beziehen, und wo das Volk gutmütig genug ist, das zu dulden und sie mit mein Herr, Euer Hoheit und Euer Eminenz anzureden.

Diese Herren, die auch ein paar Kirchen in England haben, machten in diesem Lande die wichtigen und gestrengen Mienen modern. Sie sind es, denen man das Heilighalten des Sonntags in den drei Königreichen zu verdanken hat; es ist an diesem Tag verboten, zu arbeiten und sich die Zeit zu vertreiben, was doppelt so streng wie die katholische Kirche ist, keine Oper, kein Theater, kein Konzert am Sonntag in London; selbst Kartenspielen ist so ausdrücklich verboten, dass es nur noch Personen von Stand und sogenannte Ehrenleute gibt, die an diesem Tage Karten spielen. Der Rest des Volks geht zur Andacht, in die Kneipe oder ins Bordell. Obgleich die episkopale und die presbyterianische die beiden vorherrschenden Sekten sind in Großbritannien, sind auch all die anderen dort wohlgelitten, und sie leben ganz gut zusammen, wobei der Großteil ihrer Prediger einander mit fast ebenso viel Herzlichkeit verfeindet ist, wie ein Jansenist[3] einen Jesuiten verdammt.

3 Jansenismus, nach Cornelius Jansen.

Gehen Sie in die Londoner Börse, dieser Ort ist ansehnlicher als mancher Fürstenhof; Sie sehen dort die Abgesandten aller Völker zum Nutzen der Menschheit versammelt. Da handeln der Jude, der Mohammedaner und der Christ einer mit dem anderen, als seien sie desselben Glaubens, und bezeichnen nur die Bankrotteure als untreu; da vertraut sich der Presbyterianer dem Anabaptisten[4] an, und der Anglikaner verlässt sich auf das Wort des Quäkers. Im Anschluss an diese friedfertigen und freien Versammlungen gehen die einen zur Synagoge, die anderen einen trinken; dieser lässt sich in einer großen Wanne taufen im Namen des Vaters durch den Sohn vom Heiligen Geist[5], jener lässt seinem Sohn die Vorhaut beschneiden und über seinem Kind hebräische Worte murmeln, die er nicht versteht, jene anderen gehen in ihre Kirche, um die Erleuchtung Gottes mit dem Hut auf dem Kopf abzuwarten; und alle sind zufrieden.

Wenn es in England nur einen Glauben gäbe,

---

4 Anabaptisten: Wiedertäufer.
5 Gemäß der arianischen Lehre, wo allein der Vater Gott ist: »*Gloria Patri per Filium in Spiritu Sancto*«.

müsste man seinen Despotismus fürchten; gäbe es zwei, schnitten sie sich die Hälse ab; aber es gibt dreißig davon, und sie leben glücklich und in Frieden.

Siebter Brief
Von den Sozinianern oder
Arianern oder Antitrinitariern

Es gibt hier eine kleine, aus Klerikern und einigen hochgebildeten Laien zusammengesetzte Sekte, die weder den Namen Arianer noch Sozinianer annehmen[1], die aber keineswegs der Ansicht des St. Athanasius in Sachen Dreieinigkeit sind und die Ihnen klar sagen, der Vater stehe über dem Sohn.

Erinnern Sie sich an den Bischof, der, um einen Kaiser von der Wesensgleichheit zu überzeugen,

[1] Voltaire stellt vereinfachend Arianer (aus dem 4. Jahrhundert, nach Arius), Sozinianer (16. Jh., nach Sozzini) und die englischen Antitrinitarier (oder Unitarier) gleich. Die Gemeinsamkeit der drei religiösen Bewegungen besteht in der Ablehnung der Lehre von der Dreieinigkeit Gottes. Voltaire betont damit Alter und Verbreitung dieser Idee.

darauf kam, den Sohn des Kaisers unterm Kinn zu fassen und ihn im Beisein seiner geweihten Majestät an der Nase zu ziehen? Der Kaiser wollte das seinem Bischof schon übelnehmen, als ihm der gute Mann folgende schöne und überzeugende Worte sagte: »Mein Herr, wenn Euer Majestät böse sind, weil man es gegenüber Eurem Sohn an Respekt mangeln lässt, wie glaubt Ihr, dass Gott die behandeln wird, die Jesus Christ die Titel verweigern, die ihm zustehen?« Die Leute, von denen ich rede, sagen, dass der würdige Bischof sehr unklug war, dass sein Argument nichts weniger war als beweiskräftig und dass ihm der Kaiser natürlich antworten musste: »Nehmen Sie zur Kenntnis, dass es zwei Arten gibt, es mir gegenüber an Respekt fehlen zu lassen: erstens, meinen Sohn nicht zu ehren; zweitens, ihn zu ehren wie mich.«

Wie dem auch sei, die Anhängerschaft des Arius beginnt, sich in England wiederzubeleben, genauso wie in Holland und in Polen. Der großartige Herr Newton machte dieser Richtung die Ehre, sie zu bevorzugen; dieser Philosoph meinte, die Unitarier dächten geometrischer als wir. Aber der unerschütterlichste Gönner der arianischen

Lehre ist der berühmte Dr. Clarke. Dieser Mann ist von strenger Tugend und sanftem Charakter, mehr Liebhaber seiner Ansichten als leidenschaftlich im Sammeln von Anhängern, einzig und allein mit Berechnungen und Darstellungen beschäftigt, eine wahre Denkmaschine.

Er ist Autor eines reichlich wenig verstandenen, aber geschätzten Buches über die Existenz Gottes und eines anderen verständlicheren, aber ziemlich missachteten über die Wahrheit des christlichen Glaubens.

Er hat sich nicht in schöne scholastische Streitgespräche verwickelt, die unser Freund … brave Märchen nennt; er hat sich damit zufriedengegeben, ein Buch drucken zu lassen, das alle Zeugnisse der ersten Jahrhunderte für und gegen die Unitarier enthält, und er überließ es seinen Lesern, die Stimmen zu zählen und zu urteilen. Das Buch des Doktors hat ihm viele Anhänger eingebracht, ihn aber gehindert, Erzbischof von Canterbury zu werden; ich glaube, dass der Doktor sich geirrt hat in seiner Berechnung und dass es besser wäre, Primas von England zu sein als arianischer Pfarrer.

Sie sehen, welche Wendungen sich in den Meinungen wie in den Königreichen vollziehen können. Die Anhängerschaft des Arius steigt, nach dreihundert Jahren Triumph und zwölf Jahrhunderten Vergessenheit, wieder aus ihrer Asche auf, allerdings ist der Moment sehr schlecht gewählt, zu einer Zeit wieder zu erscheinen, da die Welt von Disputen und Sekten übersatt ist. Diese hier ist noch zu klein, um die Erlaubnis zu öffentlichen Versammlungen zu erhalten; sie erhält sie bestimmt, wenn sie größer wird. Aber man ist zur Zeit in diesen Dingen so lau, dass man kaum noch sein Glück machen kann mit einem neuen oder erneuerten Glauben: Ist es nicht eigenartig, dass Luther, Calvin, Zwingli und alle Schriftsteller, die man nicht lesen kann, Sekten gegründet haben, die Europa aufteilen, dass der ungelehrte Mohammed Asien und Afrika einen Glauben gegeben hat, dass aber die Herren Newton, Clarke, Locke, Leclerc etc., die größten Philosophen und Federn ihrer Zeit, es kaum haben zuwege bringen können, eine kleine Gefolgschaft zusammenzubekommen, die außerdem noch täglich kleiner wird?

Da sieht man, was es heißt, zur rechten Zeit auf die Welt zu kommen. Wenn der Cardinal de Retz heute wieder erschiene, er würde in Paris nicht einmal zehn Frauen aufwiegeln.

Wenn Cromwell wiedergeboren würde, der, der seinen König köpfen ließ und sich zum Herrscher machte, er wäre ein schlichter Kaufmann in London.

Achter Brief
Vom Parlament

Die Mitglieder des englischen Parlaments lieben es, sich mit den alten Römern zu vergleichen, sooft sie das können.

Es ist nicht lange her, dass Mr. Shippen im Unterhaus seine Rede mit folgenden Worten begann: »Die Hoheit des englischen Volkes wäre verletzt« usw. Die Einzigartigkeit des Ausdrucks verursachte großes Gelächter; aber er wiederholte, ohne sich ablenken zu lassen, mit fester Stimme dieselben Worte, und es wurde nicht mehr gelacht. Ich gestehe, nichts Gemeinsams zu sehen zwischen der Hoheit des englischen Volkes und der des römischen, noch weniger zwischen ihren Regierungen. In London gibt es einen Senat, von dem einige Mitglieder, wohl zu Unrecht, verdächtigt werden, ihre Stimme gelegentlich zu verkaufen, wie man es in Rom tat: Und das ist schon alles an Gemeinsamkeit. Im Übrigen erscheinen mir die beiden Völker völlig verschieden, im Guten wie im Schlechten. Bei den Römern hat man den entsetzlichen Irrsinn der Glaubenskriege nicht gekannt; derlei Abscheulichkeiten blieben den ergebenen Predigern von Demut und Geduld vorbehalten. Marius und Sulla, Pompeius und Cäsar, Antonius und Augustus[1] bekämpften sich keineswegs, um zu entscheiden, ob der *flamen*[2] sein Hemd über seiner Robe tragen sollte oder die Robe über dem Hemd, und ob die heiligen Hühner vor dem Deuten der Vorzeichen essen und trinken sollten oder doch nur essen. Die Engländer haben sich früher gegenseitig per Gerichtsspruch erhängen lassen und haben sich untereinander für derlei Streitereien in Schlachtordnung vernichtet; die Sekten der Episkopalen und der Presbyterianismus[3] haben eine Zeitlang diese ernsthaften Köpfe durcheinandergebracht. Ich glaube, dass ihnen eine derartige Dummheit

1   Innenpolitische Gegner im Römischen Reich.
2   Flamen: Opferpriester im alten Rom.
3   Episkopale und Presbyterianismus: vgl. Briefe 5 und 6.

nicht mehr unterlaufen wird; sie scheinen mir auf eigene Kosten klug zu werden, und ich sehe bei ihnen kein Bedürfnis mehr, einander für Syllogismen umzubringen.

Hier ein wesentlicher Unterschied zwischen Rom und England, der sehr zum Vorteil des Letzteren ausfällt: Das Ergebnis der Bürgerkriege in Rom war die Sklaverei; das der Wirren Englands die Freiheit. Das englische Volk ist das einzige der Erde, dem es gelungen ist, die Macht der Könige durch Widerstand einzuschränken, und das schließlich unter immer neuen Anstrengungen diese kluge Regierungsform errichtet hat, bei der der Herrscher allmächtig ist, Gutes zu tun, ihm zum Übelwollen aber die Hände gebunden sind, wo die Fürsten ohne Anmaßung und ohne Knechte groß sind und wo das Volk ohne Probleme an der Regierung teilhat.

Oberhaus und Unterhaus sind die Schiedsrichter des Volkes, der König ist der Oberrichter. Dieses Gleichgewicht fehlte den Römern: Die Patrizier und das Volk waren dort immer geteilt, ohne dass es eine vermittelnde Macht gegeben hätte, die sie hätte in Übereinstimmung bringen können. Der römische Senat, der in seinem ungerechten und sträflichen Hochmut nicht mit den Plebejern teilen wollte, kannte, um sie von der Regierung fernzuhalten, kein anderes Mittel, als sie in ständigen Auslandskriegen zu binden. Für sie war das Volk ein wildes Tier, das man, aus Angst, es könnte seinen Herrn fressen, auf die Nachbarn loslassen muss. So machte ihr größter Mangel aus den Römern Eroberer; weil sie in der Heimat unglücklich waren, wurden sie die Herren der Welt, bis ihre Zwistigkeiten sie zu Sklaven machten.

Die englische Regierung ist nicht gemacht für einen so großen Glanz noch für ein so leidiges Ende; ihr Ziel ist nicht der großartige Irrsinn des Eroberns, sondern vielmehr zu verhindern, dass die Nachbarn Eroberungen machen. Das Volk bewacht nicht nur seine eigene Freiheit, sondern auch die der anderen. Die Engländer waren ergrimmt gegen Louis XIV., bloß weil sie ihn für herrschsüchtig hielten. Sie bekriegten ihn aus freien Stücken, ganz sicherlich ohne irgendein eigennütziges Interesse.

Es hat wohl viel gekostet, in England die Freiheit zu schaffen; den Götzen der despotischen Macht haben sie in einem Meer von Blut ertränkt;

doch glauben die Engländer keineswegs, für gute Gesetze zu teuer bezahlt zu haben. Die anderen Völker haben nicht weniger Wirren erlebt, haben nicht weniger Blut vergossen als sie; aber ihr für die Sache der Freiheit vergossenes Blut hat ihre Knechtschaft doch nur gefestigt.

Was in England eine Revolution wird, ist in anderen Ländern allenfalls ein Aufruhr. Eine Stadt ergreift die Waffen[4], um ihre Rechte zu verteidigen, sei es in Spanien, bei den Berbern oder in der Türkei: Alsbald wird sie von Söldnern unterjocht, von Henkern bestraft, und der Rest des Volkes küsst die Ketten. Die Franzosen meinen, die Regierung dieser Insel sei stürmischer als das Meer drumherum, und das ist wahr; aber nur, wenn der König den Sturm anfacht, wenn er sich zum Herrn des Schiffs machen will, dessen erster Steuermann er doch bloß ist. Die Bürgerkriege in Frankreich waren länger, grausamer und reicher an Verbrechen als die in England; doch hatte von

4   Anspielung auf die Revolte von Katalonien 1714 und auf die Aufstände von Ägypten (1726), Tunis und Smyrna (1728).

all diesen Bürgerkriegen keiner eine gerechte Freiheit zum Ziel.

In den abscheulichen Zeiten von Charles IX. und Henri III. ging es lediglich um die Frage, ob man unter der Herrschaft der Guises stand. Was den letzten Krieg in Paris angeht, so verdient er allenfalls, ausgepfiffen zu werden; mir kommt er vor wie ein Aufstand von Schülern, die sich gegen ihren Präfekten auflehnen und die am Ende mit der Rute gezüchtigt werden. Der Kardinal de Retz, mit viel fehlgeleitetem Verstand und Mut, Rebell ohne Anlass, absichtsloser Störenfried und Parteiführer ohne Waffen, schmiedete Ränke um der Ränke willen und schien den Bürgerkrieg zu seinem Spaß anzustiften. Die Regierung wusste weder, was er wollte, noch, was er nicht wollte; er hob Truppen per Verfügung aus und löste sie wieder auf, er drohte und bat um Gnade, er setzte Kopfgeld aus auf Kardinal Mazarin und machte ihm mit Zeremonie die Aufwartung. Unsere Bürgerkriege unter Charles VI.[5] waren grausam,

5 Der Bürgerkrieg der Armagnacs, der Parteigänger der Herzöge von Orléans, und Bourguignons, der Anhänger des Herzogs von Burgund, war eine Auseinandersetzung in den Jahren 1410 bis 1419, also während sich

die der Liga[6] abscheulich, der der Fronde[7] war
lächerlich.

Was man in Frankreich den Engländern am
meisten vorhält, ist das Schicksal Charles' I., der
von den Siegern so behandelt wurde, wie er sie im
Fall seines Sieges behandelt hätte.

Betrachten Sie nach all dem Charles I., in ge-
ordneter Schlacht besiegt, gefangen, gerichtet
und verurteilt in Westminster auf der einen Seite,
und andererseits Kaiser Heinrich VII., von seinem
Kaplan bei der Kommunion vergiftet, Henri III.,
von einem Mönch ermordet, der die Wut einer
ganzen Partei vertrat, dreißig gegen Henri IV. ge-
plante Attentate, von denen mehrere ausgeführt

Frankreich im Hundertjährigen Krieg mit England
befand. Ursache waren die Machtkämpfe unter König
Charles VI. (»der Wahnsinnige«), der zeitweilig geistes-
krank war.

6 Gegenreformatorische Bewegung zur Verteidigung des
katholischen Glaubens gegen die Hugenotten, um 1568
gegründet von Henri de Guise. Unter ihm wird daraus
bald eine politische Bewegung gegen Henri III.

7 Aufrührerische Bewegung gegen Anne d'Autriche und
Mazarin, gegen Mazarins Absolutismus und die Steuer-
last, mit der die Kosten des Dreißigjährigen Kriegs getragen werden sollten. Später nur noch Interessenkampf
zwischen Regierung und Fürsten (1648–1653).

wurden und deren letztes Frankreich dieses großen Königs beraubte. Wägen Sie diese Attentate,
und urteilen Sie.

Neunter Brief
Vom Regieren

Diese gelungene Zusammensetzung der englischen Regierung, dieses Zusammenspiel von Commons[1], Lords und König gab es nicht immer. England war lange Zeit versklavt, von den Römern, den Sachsen, den Dänen und den Franzosen. Vor allem Wilhelm der Eroberer regierte dort mit eisernem Zepter; er verfügte über Besitz und Leben seiner neuen Untertanen wie ein orientalischer Monarch; unter Androhung der Todesstrafe verbot er es den Engländern zu wagen, nach acht Uhr abends noch Feuer oder Licht bei sich zu haben, sei es, weil er meinte, damit ihre

---

1 Commons, die sogenannten »Gemeinen«, die Mitglieder des englischen Unterhauses, während die Lords, die Adligen, im Oberhaus sitzen.

nächtlichen Versammlungen zu unterbinden, sei es, weil er mit einem so abwegigen Verbot ausprobieren wollte, wie weit ein Mensch mit seiner Macht über andere gehen kann.

Es ist wahr, dass die Engländer vor und nach Wilhelm dem Eroberer politische Versammlungen hatten; sie sind darauf stolz, als wären diese Versammlungen, damals Parlament genannt und zusammengesetzt aus klerikalen Despoten und Barone genannten Plünderern, der Schutz von Freiheit und Wohlergehen gewesen.

Die Barbaren, die sich von der Küste des baltischen Meeres aus über Europa ausbreiteten, haben den Brauch dieser Landtage oder Parlamentsversammlungen mitgebracht, um die man so viel Aufhebens macht und die man so wenig kennt. Die Könige waren damals noch nicht despotisch, das stimmt; aber die Völker stöhnten umso mehr unter elender Knechtschaft. Die Häuptlinge dieser Wilden, die Frankreich, Italien, Spanien und England verheert hatten, warfen sich zu Monarchen auf, ihre Hauptleute teilten sich das Land der Besiegten. Daher diese Markgrafen, Lairds[2],

2   Laird: Grundherr, Lehnherr in England.

Barone und Untertyrannen, die häufig mit ihrem schlecht etablierten König um die Beute ganzer Völker stritten. Das waren Raubvögel, die mit einem Adler um das Blut der Tauben kämpften; jedes Volk hatte hundert Tyrannen anstelle eines Herrn. Die Geistlichen waren bald mit von der Partie. Seit allen Zeiten waren die Gallier, die Germanen und die englischen Inselbewohner dazu bestimmt, von ihren Druiden[3] und den Häuptern ihrer Dörfer regiert zu werden, die eine frühere Sorte Barone sind, aber nicht so despotische wie ihre Nachfolger. Die Druiden nannten sich Vermittler zwischen der Gottheit und den Menschen; sie machten Gesetze, exkommunizierten, verurteilten zum Tode. Die Bischöfe übernahmen Stück für Stück ihren vergänglichen Einfluss in der Führung der Goten und Vandalen. Die Päpste setzten sich an ihre Spitze und ließen die Könige zittern vor ihren Breven[4], Bullen[5] und Mönchen, enteigneten sie, ließen sie ermorden und brachten alles Geld an sich, dessen sie in Europa habhaft

3   Druide: Priester bei den keltischen Völkern.
4   Breven: päpstliche Briefe.
5   Bulle: die gewichtigste Form päpstlicher Verlautbarungen.

werden konnten. Der schwache Inas, einer der Gewaltherrscher der englischen Heptarchie, war der Erste, der sich bei einer Wallfahrt nach Rom darein fügte, den Peterspfennig (was ungefähr einem Taler[6] unserer Währung entspräche) für jedes Haus auf seinem Herrschaftsgebiet zu zahlen. Die ganze Insel folgte bald diesem Beispiel. England wurde immer mehr eine Provinz des Papstes; der Heilige Vater schickte von Zeit zu Zeit Abgesandte, um enorme Steuern einzutreiben. Johann Ohneland vermachte seiner Heiligkeit, die ihn exkommuniziert hatte, schließlich in aller Form sein Königreich als Schenkung; die Barone, die merkten, dass sie so nicht auf ihre Kosten kamen, verjagten diesen elenden König; an seine Stelle setzten sie Louis VIII., den Vater des heiligen Louis, Königs von Frankreich; doch sie wurden seiner bald überdrüssig und schickten ihn wieder zurück übers Meer.

Während so die Barone, Bischöfe und Päpste England zerteilten und alle das Volk befehligen wollten, betrachteten sie den größten, ja nützlichsten und folglich achtbarsten Teil der Leute –

6   1 Taler (frz. Écu) entsprach 1 Livre (vgl. Anm. 2, S. 48)

jene, die Gesetze und Wissenschaften studieren, Kaufleute, Handwerker, in einem Wort alle, die nicht Tyrannen sind, also das Volk – als unter den Menschen stehende Tiere. Es fehlte noch viel zur Teilnahme der Commons an der Regierung; das waren Hintersassen, deren Arbeit und deren Blut den Herren gehörten, die sich Adlige nannten. Der größte Teil der Menschen in Europa war, was sie in mehreren Teilen des Nordens immer noch sind: Knechte eines Herrn, eine Art Vieh, das man mit dem Land kauft und verkauft. Es brauchte Jahrhunderte, um der Menschheit Gerechtigkeit widerfahren zu lassen und zu merken, dass es schlecht ist, wenn der Großteil sät und die Minderheit erntet; und ist es nicht ein Glück für die Menschheit, dass die Herrschaft dieser kleinen Räuber in Frankreich von der gesetzmäßigen Macht unserer Könige und in England von der gesetzmäßigen Macht der Könige und des Volkes ausgelöscht wurde?

Glücklicherweise haben sich in den Königreichen die Ketten der Völker unter den Erschütterungen, die die Auseinandersetzungen der Fürsten mit ihren Königen verursachten, mehr oder minder gelockert; die Freiheit in England ist aus Tyrannenzwist hervorgegangen. Die Barone zwangen Johann ohne Land und Henry III., jener berühmten Charta zuzustimmen, deren Hauptziel in Wirklichkeit war, die Könige abhängig zu machen von den Lords, in der aber der Rest der Nation ein wenig begünstigt wurde, damit sie sich gegebenenfalls auf die Seite ihrer angeblichen Beschützer stelle. Diese Magna Charta[7], die als geheiligter Grundstein der englischen Freiheitlichkeit gilt, macht deutlich, wie wenig bekannt war, was Freiheit ist. Der Titel allein zeigt, dass der König meinte, er sei von Rechts wegen absolut, und dass die Barone und der Klerus ihn nur deshalb zwingen konnten, von diesem vorgeschützten Recht zurückzutreten, weil sie die Stärkeren waren.

Die Magna Charta beginnt folgendermaßen: »Wir gewähren aus freien Stücken folgende Privilegien den Erzbischöfen, Bischöfen, Äbten,

---

7 Magna Charta: englisches Freiheitsgrundgesetz von 1215. Es beinhaltet Privilegien der Städte, freien Verkehr der Kaufleute, Erblichkeit der Lehen, Steuern nur mit Zustimmung der Barone, freie Wahl der Bischöfe durch die Geistlichkeit.

Pröbsten und Baronen unseres Königreichs, usw.«

In den Artikeln dieser Charta steht kein Wort vom Unterhaus, was beweist, dass es das noch nicht oder ohne Machtbefugnisse gab. Die Freien Englands werden einzeln aufgezählt: traurige Darstellung, dass es solche gab, die es nicht waren. Man sieht in Artikel 32, dass diese angeblich freien Menschen ihren Herren Dienste schuldeten. So eine Freiheit enthielt noch viel Sklaverei.

In Artikel 21 befiehlt der König, dass seine Offiziere den Freien fortan nur noch gegen Bezahlung Pferde und Wagen nehmen dürfen, und diese Bestimmung erschien dem Volk als wirkliche Freiheit, weil sie eine noch größere Tyrannei aufhob.

Henry VII., geschickter Usurpator und großer Politiker, der so tat, als möge er die Barone, sie aber hasste und fürchtete, kam auf die Idee, die Veräußerung ihrer Länder zu ermöglichen. In der Folge kauften die Hintersassen, die durch ihre Arbeit zu Besitz kamen, die Schlösser der illustren Pairs[8], die sich mit ihrem Leichtsinn

8 Pairs, Peers: in Frankreich und England Bezeichnung

ruiniert hatten. Nach und nach wechselten die Güter ihre Herren.

Das Unterhaus wurde von Tag zu Tag mächtiger. Die Familien der alten Pairs erloschen mit der Zeit; und da es eigentlich nur die Pairs gibt, die bei strenger Auslegung des Gesetzes in England adelig sind, würde es überhaupt keinen Adel mehr geben in England, wenn nicht die Könige gelegentlich neue Barone gekürt und den Stand der Pairs aufrechterhalten hätten, den sie früher so gefürchtet hatten, um ihn nun dem der zu gefährlich gewordenen Commons entgegenzustellen.

Alle diese neuen Pairs, die das Oberhaus stellen, erhalten vom König ihren Titel und nichts darüber hinaus; fast keiner von ihnen besitzt das Land, dessen Namen er trägt. Der eine ist Herzog von Dorset und hat keinen Fingerbreit Erde in Dorsetshire, der andere ist Graf eines Dorfes und weiß kaum, wo das liegt. Sie haben Macht im Parlament und nirgendwo sonst.

Sie hören hier weder von hoher, mittlerer und

---

für einen Kreis von Hochadligen mit politischen Vorrechten. Bilden in England das Oberhaus. Titel: Lord.

niederer Gerichtsbarkeit sprechen noch vom Recht des Bürgers, auf dem Land zu jagen; er hat nicht das Recht, einen Gewehrschuss auf seinem eigenen Feld abzufeuern.

Ein Mann ist keineswegs von der Zahlung bestimmter Steuern befreit, weil er von Adel oder Priester ist; die Steuern werden vom Unterhaus festgelegt, das dem Rang nach unter, der Geltung nach aber über dem Oberhaus steht.

Die Herren und Bischöfe können wohl die Bill[9] für Steuern des Unterhauses zurückweisen, aber sie dürfen nichts daran ändern; sie haben sie anzunehmen oder ohne Bedingung zurückzuweisen. Wenn die Bill von den Lords bestätigt und vom König genehmigt ist, zahlt jeder. Niemand gibt nach seinem Rang (was unsinnig ist), sondern gemäß seinem Einkommen; es gibt weder Lehnzins noch willkürliche Kopfsteuer, sondern eine echte Bodensteuer. Sie sind alle unter dem bekannten König William III. veranschlagt und unter Wert festgelegt worden.

Die Steuer ist gleich geblieben, obwohl die

9 Bill: Urkunde, Gesetzesvorlage, Gesetz, wenn es um die Eintreibung von Geld geht.

73

Erträge der Ländereien zugenommen haben; so ist niemand benachteiligt, und niemand beklagt sich. Der Bauer hat keine in Holzschuhen wundgelaufenen Füße, er isst weißes Brot, ist anständig gekleidet und muss sich weder hüten, die Anzahl seiner Tiere zu erhöhen, noch, sein Dach mit Schindeln zu decken, weil er zu befürchten hätte, dass seine Steuern im folgenden Jahr angehoben würden. Es gibt hier viele Bauern, die Besitz für ungefähr 200 000 Franc[10] haben und die es nicht ablehnen, weiter den Boden zu bebauen, der sie reich gemacht hat und auf dem sie frei leben.

10 Der Franc wurde 1640 durch den Louis d'or ersetzt (vgl. Anm. 2, S. 48)

Zehnter Brief
Vom Handel

Der Handel, der in England die Bürger hat reich werden lassen, trug dazu bei, sie frei zu machen, und diese Freiheit hat ihrerseits den Handel gefördert, daraus ist die Größe des Staates entstanden. Es ist der Handel, der nach und nach den Aufbau der Seekräfte bewirkte, aufgrund derer die Engländer die Herren der Meere sind. Sie haben zurzeit an die 200 Kriegsschiffe. Die Nachwelt wird vielleicht mit Erstaunen feststellen, dass eine kleine Insel, die an sich nur ein bisschen Blei, Zink, Färbererde und grobe Wolle hat, mit ihrem Handel stark genug geworden ist, 1723 drei Flotten auf einmal an drei Enden der Welt zu schicken, eine vor Gibraltar, das mit ihren Waffen erobert und gehalten wurde, die andere nach Porto Bello, um dem spanischen König die

Freude an den Schätzen Indiens zu nehmen, und die dritte ins Baltische Meer, um die Nordmächte zu hindern, sich zu schlagen.[1]

Als Louis XIV. Italien in Angst versetzte und seine Armeen bereits die Herrschaft über Savoyen und Piemont hatten und bereit waren, Turin einzunehmen, musste Prinz Eugen dem Herzog von Savoyen von Deutschland aus zu Hilfe kommen; er hatte kein Geld, ohne das man Städte weder einnimmt noch verteidigt; er wandte sich an englische Kaufleute; binnen einer halben Stunde hatte man 5 Millionen[2] für ihn zusammen. Damit befreite er Turin, schlug die Franzosen und schrieb jenen, die ihm diese Summe geliehen hatten, folgende Note: »Meine Herren, ich habe

---

[1] Voltaires Jahresangabe ist etwas pauschal: Gibraltar wurde 1713 von Spanien offiziell abgetreten, aber trotzdem beansprucht. Porto Bello war eine umkämpfte spanische Siedlung im heutigen Panama, die die Engländer schließlich 1739 eroberten. Im Großen Nordischen Krieg ging es 1700 bis 1721 um die Vorherrschaft im Ostseeraum, die sich England und die Niederlande auf der einen und Schweden auf der anderen Seite streitig machten.

[2] In manchen Ausgaben der *Philosophischen Briefe* heißt es 50 Millionen. 5 Millionen scheint richtig zu sein.

Ihr Geld erhalten, und ich meine, es zu Ihrer Zufriedenheit verwendet zu haben.«

All das verschafft dem englischen Kaufmann einen gerechten Stolz und bewirkt, dass er sich, nicht ohne Grund, mit einem römischen Bürger zu vergleichen traut. Entsprechend verachtet der Zweitgeborene eines königlichen Pairs nicht den Handel. Lord Townshend, Minister, hat einen Bruder, der sich damit zufriedengibt, Kaufmann in der Stadt zu sein. Zu der Zeit, als Lord Oxford England regierte, war dessen jüngerer Bruder Kommissionär in Aleppo, von wo er nicht zurückkehren wollte und wo er gestorben ist.

Diese Art, die jedoch allzu sehr im Verschwinden begriffen zu sein scheint, ist den auf ihre Ahnen fixierten Deutschen ein Greuel; sie könnten es nicht fassen, dass der Sohn eines englischen Pairs ein wohlhabender und einflussreicher Bürger sein sollte, wo doch in Deutschland, wo sich jeder Fürst nennt, bis zu dreißig Hoheiten den gleichen Namen tragen und dennoch nicht mehr besitzen als Wappen und Hochmut.

In Frankreich ist Marquis, wer will; und wer immer aus einer Provinz in Paris ankommt mit Geld, das er ausgeben kann, und einem Namen auf -ac oder -ille, der kann sagen: »Ein Mann wie ich, ein Mann meines Standes«, und selbstzufrieden einen Kaufmann verachten; der Kaufmann selbst hört so oft mit Verachtung von seinem Beruf reden, dass er dumm genug ist, darüber zu erröten. Ich weiß allerdings nicht, was einem Staat nützlicher ist, ein wohlgepuderter Herr, der genau weiß, zu welcher Stunde sich der König erhebt, zu welcher er zu Bett geht, und der sich für wichtig hält, wenn er im Vorzimmer eines Ministers die Rolle eines Sklaven spielt, oder ein Kaufmann, der sein Land bereichert, aus seinem Kontor Orders nach Surate und Kairo schickt und zum Wohl der Welt beiträgt.

Elfter Brief
Von der Pockenimpfung

Im christlichen Europa bezeichnet man die Engländer, gelinde gesagt, als töricht und wahnsinnig; töricht, weil sie ihre Kinder mit Pocken anstecken, um zu verhindern, dass sie sie bekommen; wahnsinnig, weil sie ihren eigenen Kindern mit Herzensfreude eine sichere und scheußliche Krankheit übertragen in der Absicht, einem unsicheren Übel zuvorzukommen. Die Engländer wiederum sagen: »Die Europäer sind feige und Rabeneltern: feige, weil sie fürchten, ihren Kindern ein bisschen weh zu tun; Rabeneltern, weil sie sie der Gefahr aussetzen, eines Tages an Pocken zu sterben.« Um zu beurteilen, wer in diesem Streit recht hat, folgt hier die Geschichte jener Einimpfung, von der man außerhalb Englands so entsetzt berichtet.

Die Frauen der Tscherkessen[1] pflegen seit undenklichen Zeiten ihren Kindern Pocken zu übertragen: schon im Alter von sechs Monaten, indem sie ihnen einen Schnitt in den Arm ritzen und dort eine Pustel einsetzen, die sie sorgfältig von einem anderen Kind abgenommen haben. Diese Pustel wirkt in dem Arm, an dem sie angesetzt ist, wie Hefe im Teig; sie arbeitet dort und verteilt über das ganze Blut die Eigenschaften, von denen sie durchsetzt ist. Die Pickel des Kindes, dem man diese Pocken künstlich übertragen hat, dienen dazu, dieselbe Krankheit anderen weiterzugeben. Das ist ein beinah ständiger Umlauf bei den Tscherkessen; und wenn es bedauerlicherweise keine Pocken gibt im Land, ist man genauso in Verlegenheit wie woanders bei einem schlechten Erntejahr.

Wie es zu diesem Brauch bei den Tscherkessen kam, der anderen Völkern so befremdlich vorkommt, ist jedoch eine der ganzen Erde gemeinsame Sache: die mütterliche Liebe und Eigennutz.

Die Tscherkessen sind arm und ihre Töchter schön; und es sind ihre Töchter, mit denen sie

1 Kaukasisches Turkvolk.

am meisten Handel treiben. Sie versorgen die Harems des großen Sultans, des Schahs von Persien und all derer mit Schönheiten, die reich genug sind, diese wertvolle Ware zu kaufen und zu unterhalten. Sie erziehen diese Mädchen in Zucht und Ehren zu Tänzen voller Schlüpfrigkeit und Wollust und dazu, den Geschmack der gnädigen Herren, für die sie vorgesehen sind, mit den begehrlichsten Kunstfertigkeiten immer von Neuem anzuregen: Diese armen Wesen wiederholen täglich ihre Lektion mit ihrer Mutter wie unsere kleinen Mädchen ihren Katechismus, ohne etwas davon zu verstehen.

Es passierte aber oft, dass sich ein Vater und eine Mutter, nachdem sie sich um die Erziehung ihrer Kinder einige Mühe gemacht hatten, mit einem Schlag um ihre Hoffnungen betrogen sahen. Pocken brachen in der Familie aus, eine Tochter starb daran, eine andere verlor ein Auge, eine dritte erholte sich mit einer dicken Nase; und die armen Leute waren rettungslos ruiniert. Oft, wenn die Pocken zur Epidemie wurden, war der Handel sogar für mehrere Jahre unterbrochen, was eine merkliche Verkleinerung persischer und türkischer Serails zur Folge hatte.

Ein handeltreibendes Volk wacht stets sehr rege über seine Interessen und vernachlässigt nicht die Erkenntnisse, die seinem Gewerbe nützlich sein können. Die Tscherkessen stellten fest, dass kaum einer von tausend zweimal richtig Pocken hatte; dass man tatsächlich auch drei- oder viermal leichte Pocken hat, aber nie zweimal ernsthaft und gefährlich; dass man, in einem Wort, diese Krankheit nicht zweimal hat im Leben. Sie bemerkten auch noch, dass die Pocken, wenn sie gutartig sind und ihr Ausschlag nur eine zarte und feine Haut zu durchbrechen vorfindet, keine Spuren auf dem Gesicht hinterlassen. Aus diesen Naturbeobachtungen schlossen sie, dass, wenn ein Kind von sechs Monaten oder einem Jahr gutartige Pocken hatte, es nicht daran starb, nicht davon gezeichnet wurde und diese Krankheit für den Rest seiner Tage los war.

Also musste man nur noch, um Leben und Schönheit ihrer Kinder zu schützen, ihnen die Pocken früh genug übertragen; und das wurde getan, indem man am Körper eines Kindes eine Pustel einsetzte, die man beim vollständigsten und gleichzeitig günstigsten Pockenfall abgenommen hatte, den man finden konnte. Der

Versuch konnte nur gelingen. Die Türken sind vernünftige Leute und übernahmen diese Sitte bald darauf; und heute gibt es keinen Pascha in Konstantinopel, der nicht seinem Sohn und seiner Tochter die Pocken überträgt, wenn sie abgestillt werden.

Es gibt Leute, die behaupten, die Tscherkessen hätten diese Sitte früher von den Arabern übernommen; diesen Punkt zu klären überlassen wir irgendeinem gelehrten Benediktiner, der es nicht unterlassen wird, dazu mehrere Folianten mit Beweisen zusammenzustellen. Alles, was ich dazu zu sagen habe, ist, dass Frau von Wortley-Montagu, eine der klügsten und intelligentesten Frauen Englands, als sie mit ihrem Mann zu Beginn der Herrschaft Georges I. in der Botschaft in Konstantinopel war, darauf kam, ohne große Hemmungen einem Kind die Pocken übertragen zu lassen, mit dem sie in diesem Land niedergekommen war. Ihr Kaplan hatte gut reden, dieses Experiment sei nicht christlich und könne nur bei Ketzern gelingen – Madame Wortleys Sohn bekam es wunderbar. Diese Dame berichtete, zurück in London, der Prinzessin von Wales, der heutigen Königin Caroline, von ihrer Erfahrung.

Man muss dazu sagen, dass diese Fürstin, abgesehen von Titeln und Kronen, dazu geboren ist, die Künste zu fördern und den Menschen Gutes zu tun; sie ist ein liebenswerter Philosoph auf dem Thron; sie hat sich niemals auch nur eine Gelegenheit entgehen lassen, sich fortzubilden und ihre Großzügigkeit zur Geltung zu bringen; sie ist es, die, als sie gehört hatte, es lebe noch eine Tochter Miltons, und zwar im Elend, dieser auf der Stelle ein beträchtliches Geschenk machte; sie ist es, die den armen Pater Courayer unterstützte; sie ist es, die so gut war, zwischen Dr. Clarke und Herrn Leibniz zu vermitteln. Als sie von der Impfung oder Einsetzung der Pocken gehört hatte, ließ sie die Probe darauf an vier zum Tod verurteilten Verbrechern machen, denen sie zweifach das Leben rettete, denn sie bewahrte sie nicht nur vor dem Galgen, sondern beugte dank dieser künstlichen Pocken den natürlichen vor, die sie wahrscheinlich gehabt hätten und woran sie vielleicht in höherem Alter gestorben wären.

Nach diesem Beweis ihrer Sache sicher, ließ die Fürstin ihre Kinder impfen: England folgte ihrem Beispiel, und so verdanken seither mindestens 10 000 Kinder der Königin und Lady Wortley-

Montagu ihr Leben und ebenso viele Mädchen ihre Schönheit.

In der ganzen Welt haben von hundert Personen sechzig die Pocken, von diesen sechzig sterben zwanzig in den besten Jahren, und zwanzig behalten für immer ärgerliche Spuren: Es ist also je ein Fünftel der Menschen, das diese Krankheit mit Sicherheit tötet oder entstellt. Von all denen, die in der Türkei oder in England geimpft sind, stirbt niemand, wenn er nicht gebrechlich oder aus anderen Gründen zum Sterben verurteilt ist; niemand ist gezeichnet, niemand hat ein zweites Mal Pocken, vorausgesetzt, die Impfung schlägt an. Demnach ist sicher, dass, wenn eine französische Botschafterin dieses Geheimnis von Konstantinopel nach Paris mitgebracht hätte, sie dem Volk einen ewigen Dienst erwiesen haben würde; der Herzog von Villequier[2], Vater des heutigen Herzogs von Aumont, ein so wohlgestalter und gesunder Franzose, wäre nicht in der Blüte seines Lebens gestorben.

Der Fürst von Soubise, der sich der besten

2   Villequier, Aumont, Soubise: Namen aus dem französischen Hochadel.

Gesundheit erfreute, wäre nicht im Alter von 25 Jahren hinweggerafft worden; der Thronfolger, Großvater Louis' xv., wäre nicht mit fünfzig beerdigt worden; 20 000 Menschen, die 1723[3] an Pocken starben, würden noch leben. Also was! Lieben die Franzosen das Leben denn nicht? Kümmern ihre Frauen sich nicht um ihre Schönheit? Wirklich, wir sind komische Leute! Vielleicht übernehmen wir in zehn Jahren diese englische Methode, wenn Pfarrer und Ärzte es erlauben; oder den Franzosen ist in drei Monaten aus purer Lust danach, sich der Impfung zu bedienen, wenn die Engländer aus Unbeständigkeit den Geschmack daran verlieren.

Ich höre, dass die Chinesen diesen Brauch seit hundert Jahren pflegen; das Beispiel eines Volkes, das als das weiseste und gebildetste der Welt gilt, ist doch ein deutlicher Hinweis. Es ist wahr, dass die Chinesen das auf andere Art praktizieren; sie machen keinen Einschnitt, sondern lassen die Pocken wie Schnupftabak mit der Nase einnehmen; das ist angenehmer, kommt aber auf dasselbe her-

---

3 1723 wütete in Paris eine Pockenepidemie, bei der auch Voltaire erkrankte.

aus und bestätigt nur, dass man, hätte man die Impfung in Frankreich angewandt, Tausenden von Menschen das Leben gerettet hätte.

Zwölfter Brief
Vom Kanzler Bacon

Es ist gar nicht lange her, dass eine erlauchte Gesellschaft auf die abgenutzte und belanglose Frage kam, wer der Größte sei, Cäsar, Alexander, Tamerlan, Cromwell etc.

Jemand antwortete, dies sei einwandfrei Isaac Newton. Dieser Mann hatte recht, denn wenn die wahre Größe darin liegt, vom Himmel ein mächtiges Genie empfangen und sich seiner bedient zu haben zur eigenen Erkenntnis und zu der anderer, dann ist ein Mann wie Newton, wie sich kaum einer in zehn Jahrhunderten findet, wirklich der große Mann; die Politiker und Eroberer, an denen es keinem Jahrhundert mangelte, sind gewöhnlich nichts als berühmt gewordene Gewalttäter.

Demjenigen, der mit der Kraft der Wahrheit über die Gemüter herrscht, nicht denen, die mit

Gewaltanwendung Sklaven schaffen, dem, der das Universum kennt, und nicht denen, die es verunstalten, schulden wir unsere Achtung.

Dann fange ich also, da Sie wollen, dass ich Ihnen von den berühmten Männern erzähle, die England hervorgebracht hat, mit den Bacons, Lockes, Newtons usw. an. Auf die Generale und Minister kommen wir später …

Man muss mit dem berühmten Grafen von Verulam beginnen, der in Europa unter seinem Familiennamen Bacon bekannt war. Er war Sohn eines Siegelverwahrers und lange Kanzler unter König Jacob I. Derweil fand er inmitten der Ränke des Hofs und der Ansprüche seines Amts, die ihren ganzen Mann forderten, die Zeit, ein großer Philosoph, ein guter Historiker und ein eleganter Schriftsteller zu sein; und er lebte, was noch erstaunlicher ist, in einem Jahrhundert, in dem man die Kunst des guten Schreibens kaum kannte und noch weniger eine gute Philosophie. Wie es unter den Menschen der Brauch ist, wurde er nach seinem Tod höher eingeschätzt als zu Lebzeiten: Seine Feinde waren am Hof von London, seine Bewunderer in ganz Europa.

Als der Marquis von Effiat die Tochter Henris

des Großen, Prinzessin Marie, die den Prinzen von Wales heiraten sollte, nach England brachte, ging dieser Gesandte Bacon besuchen, der ihn, zu dieser Zeit krank, bei geschlossenen Vorhängen empfing. »Sie gleichen den Engeln«, sagte ihm Effiat, »man hört immer von ihnen sprechen, man hält sie für den Menschen überlegen, und man hat nie die Freude, sie zu sehen.«

Sie wissen, Monsieur, dass Bacon eines Vergehens beschuldigt wurde, wie es kaum das eines Philosophen ist, nämlich sich mit Geld bestechen zu lassen; Sie wissen, dass er vom Oberhaus zu einer Geldstrafe von 40000 Pfund Sterling, das sind ungefähr 400000 Livres unserer Währung,[1] und zum Verlust seiner Kanzler- und Pairswürde verurteilt wurde.

Heute verehren die Engländer sein Andenken bis zu dem Grad, dass sie nicht zugeben wollen, er habe sich etwas zuschulden kommen lassen. Wenn Sie mich fragen, wie ich darüber denke, antworte ich mit einem Ausspruch von Lord Bolingbroke. Das Gespräch drehte sich um Einzelheiten der

---

1 Livre: vgl. Anm. 2, S. 48. Darüber hinaus wurde Bacon von den Parlamentssitzungen ausgeschlossen.

Habsucht, derer der Herzog von Marlborough angeklagt war und zu denen Lord Bolingbroke sich äußern sollte. Der hätte als erklärter Gegner des Herzogs von Marlborough Auskunft geben können, erklärte aber: »Das war ein so großartiger Mann, dass ich seine Fehler vergessen habe.«

Ich werde mich also beschränken auf das, was dem Kanzler Bacon sein Ansehen in Europa eingebracht hat.

Das einzigartigste und beste seiner Werke ist heute das am wenigsten gelesene und unbrauchbarste: Ich meine sein *Novum scientiarum organum*[2]. Es ist das Gerüst, auf dem man die neue Philosophie begründet hat; als das Gebäude zumindest zu Teilen errichtet war, war das Gerüst überflüssig geworden.

Kanzler Bacon kannte die Natur noch nicht, aber er sah und zeigte all die Wege, die zu ihr führen. Er hatte schon frühzeitig abgelehnt, was die Universitäten als Philosophie bezeichneten; und er tat, was er konnte, dass diese Institutionen, eingerichtet zur Vervollkommnung der menschlichen Vernunft, nicht fortführen, diese zu ver-

2   Bacons Hauptwerk, erschienen 1620.

derben mit ihren *Quidditäten*[3], ihrem *Schrecken der Leere*[4], ihren *substantiellen Formen* und all den anmaßenden Worten, die nicht nur die Unwissenheit ansehnlich gemacht haben, sondern die durch eine lächerliche Vermengung mit der Religion fast heilig geworden sind.

Er ist der Vater der experimentellen Philosophie. Es ist wohl wahr, dass man schon vor ihm erstaunliche Geheimnisse gelüftet hat. Man hatte den Kompass geschaffen, die Druckkunst, die Kupferstecherei, die Ölmalerei, die Spiegel, die Kunst, den Greisen das Augenlicht wiederzugeben mit Brillen genannten Augengläsern, das Schießpulver usw. Man hatte eine neue Welt gesucht, gefunden und erschlossen. Wer würde nicht annehmen, dass diese enormen Entdeckungen von den größten Denkern und zu aufgeklärteren Zeiten als der unseren gemacht worden wären? Nichts davon:

3 Begriff der Scholastik: »Washeit«, bezeichnet die Gesamtheit der Eigenschaften, die ein Ding oder Wesen bestimmen.
4 Der Schrecken der Leere ist ein Aphorismus der alten Physik (*natura abhorret a vacuo*), mit dem man sich bestimmte Naturphänomene, zu denen man sich keinen Rat wusste, zu erklären versuchte. Wird von Torricelli widerlegt.

Diese großen Veränderungen unseres Lebens auf Erden wurden zu Zeiten der dümmsten Barbarei vollbracht: Der Zufall allein hat fast alle dieser Erfindungen hervorgebracht, und es sieht so aus, als habe das, was man Zufall nennt, auch bei der Entdeckung Amerikas eine große Rolle gespielt; zumindest hat man immer geglaubt, dass Christoph Kolumbus seine Reise nur im Vertrauen auf einen Kapitän unternahm, den ein Unwetter auf die Höhe der karibischen Inseln getrieben hatte.

Wie dem auch sei, man war imstande, bis ans Ende der Welt zu gehen und Städte mit einem künstlichen Donner zu zerstören, der schrecklicher war als der natürliche, aber man wusste nichts vom Blutkreislauf, vom Gewicht der Luft, von den Gesetzmäßigkeiten der Bewegung, vom Licht, von der Zahl unserer Planeten etc., und ein Mensch, der eine These zu den Kategorien des Aristoteles[5] vertrat, über das universale *a parte rei* oder eine ähnliche Dummheit, galt als ein Wunderwesen.

---

[5] Kategorien des Aristoteles: Substanz, Quantität, Relation, Ort, Sein, Tun, Leiden, Sichverhalten, Sichbefinden. *A parte rei*: etwas, das aus sich selbst, absolut und nach eigener Definition besteht.

Die erstaunlichsten und nützlichsten Erfindungen sind nicht die, welche dem menschlichen Verstand die größte Ehre machen.

Es ist ein mechanischer Instinkt, der sich bei den meisten Menschen findet, dem wir die Künste verdanken, und keineswegs die gesunde Wissenschaft.

Die Entdeckung des Feuers, die Kunst des Backens, des Schmelzens und Bearbeitens von Metallen, des Häuserbaus, die Erfindung des Weberschiffs sind von einer ganz anderen Wichtigkeit als Druckerei und Kompass; dabei wurden diese Fertigkeiten noch von halben Wilden erfunden.

Welch wunderbaren Gebrauch machten nicht seither die Griechen und die Römer von der Mechanik? Dabei glaubte man zu ihrer Zeit, dass es Kristallhimmel gebe und dass die Sterne kleine Lampen seien, die gelegentlich ins Meer fielen; und einer ihrer großen Philosophen fand nach allerhand Untersuchungen heraus, dass die Sterne Steine seien, die sich von der Erde gelöst hatten.[6]

Mit einem Wort, experimentelle Philosophie

6 Anaxagoras.

hatte vor Bacon niemand gekannt, und von allen physikalischen Beweisen, die seit ihm gemacht wurden, gibt es fast keinen, der nicht bereits in seinem Buch erwähnt wäre. Er selber hat mehrere erbracht; er entwarf pneumatische Apparate, mit denen man die Elastizität der Luft herausfand; für ihn drehte sich alles um ihr Gewicht; er kam auch beinah drauf, zur Erkenntnis selbst gelangte Torricelli. Wenig später fing die experimentelle Physik auf einen Schlag an, in fast allen Teilen Europas zugleich. Diesen verborgenen Schatz, dessen Existenz Bacon geahnt hatte, versuchten nun die Philosophen, von seiner Verheißung ermuntert, auszugraben.

Was mich aber am meisten überraschte, war, in seinem Buch explizit jene neue Anziehungskraft zu finden, als deren Entdecker Newton gilt.

»Man muss feststellen«, sagt Bacon, »ob es nicht eine magnetische Kraft gibt, die zwischen der Erde und Objekten von Gewicht wirkt, zwischen Mond und Ozean, zwischen den Planeten etc.«

An anderer Stelle sagt er: »Entweder werden die Körper zur Mitte der Erde getragen, oder sie ziehen sich gegenseitig an, und in diesem letzteren Fall ist klar, dass sich die Körper, je mehr sie sich beim Fallen der Erde nähern, einander umso stärker anziehen. Man muss versuchen«, fährt er fort, »ob dieselbe Uhr mit Gewichtsantrieb auf der Höhe eines Berges oder auf dem Grund einer Mine schneller geht; wenn die Kraft auf dem Berg abnimmt und in der Mitte zunimmt, dann ist das ein Anzeichen, dass die Erde eine wirkliche Anziehungskraft ausübt.«

Dieser Vorläufer der Philosophie war auch ein eleganter Schriftsteller, Historiker und Schöngeist.

Seine *Essays über Moral* werden sehr geschätzt; aber sie sind eher zur Belehrung als zur Unterhaltung geeignet; und nachdem sie weder Satire des menschlichen Wesens sind wie die *Maximen* von La Rochefoucauld noch eine Schule des Skeptizismus wie Montaigne, werden sie weniger gelesen als jene beiden scharfsinnigen Bücher.

Seine *Geschichte von Henry VII.* hat als Meisterwerk gegolten; aber ich müsste mich sehr täuschen, wenn sie mit dem Werk unseres berühmten de Thou verglichen werden könnte.

Wenn er von jenem bekannten Hochstapler Perkin Warbeck spricht, dem Sohn eines konvertierten Juden, der so kühn den Namen Richard IV., König von England, annahm, wozu er von der Herzogin Marguerite von Burgund angestiftet worden war, und Henry VII. die Krone streitig machte, drückt sich Kanzler Bacon folgendermaßen aus:

»Zu ungefähr dieser Zeit war Henry infolge der Magie der Herzogin von Burgund von bösen Geistern besessen, die den Schatten Edwards IV. aus der Hölle rief, damit er König Henry quälen komme. Als die Herzogin von Burgund Perkin unterwiesen hatte, begann sie mit ihm zu überlegen, in welcher Himmelsregion sie diesen Kometen aufkommen lassen sollte, und beschloss, er solle zunächst über dem irischen Horizont hervorbrechen.«

Unser weiser de Thou verfällt wohl kaum auf solch krausen Schwulst, den man früher für erhaben hielt, den man heute aber aus gutem Grunde Schnickschnack nennt.

Dreizehnter Brief
Von Herrn Locke

Niemals vielleicht gab es einen klügeren, methodischeren Kopf, einen exakteren Logiker als John Locke; dabei war er kein großer Mathematiker. Er hat sich nie der Langweiligkeit der Rechnungen und der Trockenheit mathematischer Wahrheiten unterziehen können, die dem Geist zunächst nichts Spürbares darstellten; und niemand hat besser als er bewiesen, dass man einen geometrisch genauen Verstand haben kann auch ohne Geometrie. Vor ihm hatten Philosophen endgültig festgelegt, was die Seele des Menschen sei; aber da sie davon überhaupt nichts verstanden, ist es ganz folgerichtig, dass sie jeder etwas anderes meinten.

In Griechenland, der Wiege der Künste und der Irrtümer, wo Größe und Torheit des menschlichen Verstandes so weit entwickelt wurden, argumentierte man über die Seele wie bei uns.

Der göttliche Anaxagoras, dem man einen Altar weihte, weil er die Menschen gelehrt hatte, dass die Sonne größer sei als der Peleponnes, der Schnee schwarz und der Himmel aus Stein, behauptete, die Seele sei ein Geist der Luft und dabei unsterblich.

Diogenes[1], ein anderer als der zynische, behauptete, nachdem er Falschmünzer gewesen war, die Seele sei ein Teil der göttlichen Substanz selbst, und das war immerhin ein glänzender Einfall.

Epikur setzte sie wie den Körper aus Teilen zusammen. Aristoteles, den man auf tausenderlei Weise erklärt hat, weil er unverständlich war, glaubte, wenn man sich auf ein paar seiner Schüler bezieht, dass der Verstand aller Menschen ein und dieselbe Substanz sei.

Der göttliche Plato, Meister des göttlichen Aristoteles, und der göttliche Sokrates, Meister des göttlichen Plato, nannten die Seele materiell und ewig; die innere Stimme des Sokrates hatte

[1] Diogenes von Apollonia.

ihn sicherlich aufgeklärt, was es damit auf sich hatte. Es gibt wirklich Leute, die behaupten, dass jemand, der sich zugute hält, eine innere Stimme zu hören, unzweifelhaft ein Narr oder ein Schlitzohr sei; aber diese Leute sollen sich nicht so anstellen.

Was unsere Kirchenväter angeht, so haben in den ersten Jahrhunderten mehrere die Seele für menschlich und die Engel und Gott für Materie gehalten.

Die Welt wird alle Tage raffinierter. Der heilige Bernhard lehrte gemäß dem Bekenntnis des Paters Mabillon von der Seele, dass sie nach dem Tode mitnichten Gott im Himmel sehe, sondern lediglich mit der Menschhaftigkeit Jesu Christi in einen Austausch trete; man glaubte ihm diesmal nicht aufs Wort. Das Abenteuer der Kreuzzüge hatte seine Orakel ein wenig in Misskredit gebracht. Später sind tausend Scholastiker[2] dahergekommen, als der unwiderlegbare Doktor, der

2 Scholastik ist die in den Schulen des Mittelalters herrschende theologische und philosophische Lehre; stützt sich hauptsächlich auf die christliche Offenbarung und die aristotelische Philosophie.

subtile Doktor, der Engeldoktor[3], der Seraphinendoktor, der Cherubinendoktor, die alle ganz sicher waren, die Seele sehr genau zu kennen, die aber nicht aufhörten, davon zu reden, als wollten sie von keinem Menschen verstanden werden.

Unser Descartes, geboren, die Irrtümer des Altertums zu entdecken und sie durch die seinen zu ersetzen, und geleitet von diesem systematischen Verstand, der die größten Männer blind macht, meinte gezeigt zu haben, dass die Seele dieselbe Sache sei wie das Denken, so wie die Materie nach ihm dasselbe ist wie die Ausdehnung; er behauptete, man denke stets, und die Seele käme mit allen metaphysischen Begriffen ausgestattet im Körper an, in Kenntnis Gottes, des Raums, des Unendlichen, mit allen abstrakten Ideen, kurz und gut voll des schönsten Wissens, das sie beim Verlassen des Bauchs der Mutter leider vergesse.

Monsieur Malebranche vom Oratoire erkannte in seinen erhabenen Illusionen nicht nur die eingeborenen Ideen an, sondern bezweifelte ebenso wenig, dass wir alles in Gott sähen und dass Gott sozusagen unsere Seele sei.

3 Die Doctores: vgl. Thomas von Aquin.

Nachdem so viele Verstandesmenschen den Roman der Seele verfasst hatten, ist ein Weiser gekommen, der bescheiden ihre Geschichte darstellte. Locke hat dem Menschen die menschliche Vernunft auseinandergesetzt, wie ein hervorragender Anatom die Bereiche des menschlichen Körpers erklärt. Er behilft sich in allem mit dem Licht der Physik; er wagt manchmal, Behauptungen aufzustellen, aber er wagt auch zu zweifeln; statt auf einen Schlag alles zu definieren, was wir nicht kennen, untersucht er schrittweise, was wir kennenlernen wollen. Er nimmt ein Kind bei seiner Geburt; er folgt Schritt für Schritt der Entwicklung seines Verstandes; er sieht, was es an Gemeinsamem gibt mit den Tieren und was darüber hinausgeht; vor allem zieht er sein eigen Zeugnis zu Rate, das Gewissen seines Denkens.

»Ich überlasse«, sagt er, »das Erörtern denen, die besser als ich wissen, ob es unsere Seele vor oder nach dem Werden unseres Körpers gibt; ich gestehe aber, dass meine Seele zu der groben Sorte gehört, die nicht ununterbrochen denkt, und ich habe sogar das Pech, nicht zu erkennen, wieso es der Seele nötiger sein soll, ständig zu denken, als dem Körper, sich ständig zu bewegen.«

Was mich angeht, ich bin stolz auf die Ehre, hierin genauso dumm zu sein wie Locke. Niemand wird mich jemals glauben machen, ich dächte unablässig; und ich fühle mich auch nicht mehr in der Lage, mir vorzustellen, dass ich ein paar Wochen nach meiner Zeugung eine sehr kluge Seele war und tausenderlei Dinge wusste, die ich bei der Geburt vergaß, und dass ich höchst unzweckmäßig im Mutterleib Kenntnisse besaß, die mir fehlen, seit ich Bedarf daran habe haben können, und die ich seither nicht so recht habe zurückerlangen können.

Nachdem er die eingeborenen Ideen zerstört und auf die Eitelkeit verzichtet hat zu glauben, man denke stets, stellt Locke dar, dass uns alle unsere Gedanken über die Sinne kommen, er untersucht unsere einfachen und zusammengesetzten Ideen, folgt dem Verstand des Menschen in allen seinen Denkvorgängen, lässt sehen, wie sehr die Sprachen, die die Menschen sprechen, unvollkommen sind und welchen Missbrauch wir allezeit mit den Begriffen treiben.

Schließlich kommt er dazu, die Spannweite oder eher das Nichts des menschlichen Wissens zu betrachten. In diesem Kapitel traut er sich, bescheiden folgende Worte vorzubringen: »Wir sind vielleicht nie in der Lage festzustellen, ob ein rein materielles Wesen denkt oder nicht.«

Diese weise Rede empfand mehr als ein Theologe als Skandal, nämlich dass die Seele materiell und sterblich sei.

Einige auf ihre Art fromme Engländer schlugen Alarm. Die Abergläubischen sind in der Gesellschaft, was die Feiglinge in einem Heer sind: Sie haben und verbreiten panische Angst. Man schrie, Locke wolle den Glauben umstürzen; doch ging es in dieser Sache gar nicht um Religion; es war eine rein philosophische Frage, höchst unabhängig von Glauben und Offenbarung; man musste bloß ohne Verbissenheit prüfen, ob in der Aussage »Die Materie kann denken« ein Widersinn liegt und ob Gott der Materie das Denken eingeben kann. Die Theologen fangen zu oft damit an, zu sagen, Gott sei gelästert worden, wenn man nicht ihrer Ansicht ist. Darin gleichen sie den schlechten Dichtern, die schrien, Despréaux rede schlecht vom König, weil er sich über sie lustig machte.

Dr. Stillingfleet hat sich den Ruf eines maßvollen Theologen erworben, indem er Locke nicht ausdrücklich beleidigt hat. Er trat gegen ihn an, war aber unterlegen, denn er argumentierte wie ein Scholastiker und Locke als ein in Stärken und Schwächen des menschlichen Geistes bewanderter Philosoph, der sich mit Waffen schlägt, deren Wirkung er kennt.

Wenn ich es mir herausnehmen wollte, nach Locke über ein so heikles Thema zu sprechen, würde ich sagen: Die Menschen streiten seit langem über die Beschaffenheit und die Unsterblichkeit der Seele. Was ihre Unsterblichkeit betrifft: Es ist unmöglich, sie nachzuweisen, solange man noch über ihre Beschaffenheit streitet, und um zu entscheiden, ob es etwas Unsterbliches gibt oder nicht, muss man es doch von Grund auf kennen. Die menschliche Vernunft ist so wenig imstande, mit eigenen Mitteln die Unsterblichkeit der Seele zu ermitteln, dass es des Glaubens bedurfte, sie uns zu offenbaren. Das allen Menschen gemeinsame Wohl fordert, dass man die Seele für unsterblich hält; der Glaube befiehlt es, mehr ist nicht nötig, und die Sache ist beschlossen. Die Dinge liegen anders, wenn es um ihr Wesen geht; für den Glauben ist es unerheblich, von welcher Substanz die Seele ist, Hauptsache, sie ist gut;

sie ist wie eine Uhr, die wir handhaben sollen; aber der Schöpfer hat uns nicht gesagt, was ihre Bewegung ausmacht.

Ich bin Körper, und ich denke: Mehr verstehe ich nicht davon. Werde ich einer unbekannten Ursache zuschreiben, was ich leicht der Folge einer mir bekannten Ursache zuschreiben kann? Hier unterbrechen mich alle Philosophen der Scholastik mit ihren Argumenten und sagen: »Im Körper gibt es nur Ausdehnung und Stoff, und er kann nur Bewegung und Form haben. Aber Bewegung und Form, Ausdehnung und Stoff können keine Gedanken schaffen; also kann die Seele nicht Materie sein.« Dieser ganze großartige und so oft wiederholte Schlussfolgerungssatz läuft allein hinaus auf Folgendes: »Die Materie kenne ich überhaupt nicht; ich errate unvollständig einige ihrer Eigenschaften; weiter habe ich keine Ahnung, ob diese Eigenschaften etwas mit dem Denken zu tun haben können; weil ich also überhaupt nichts weiß, behaupte ich positiv, dass die Materie nicht denken kann.« Das ist ganz schlicht die Art der Scholastik zu argumentieren. Locke würde diesen Herren in aller Einfachheit sagen: »Gestehen Sie doch ein, dass Sie genauso wenig wissen wie ich; weder Ihre noch meine Vorstellungskraft können erkennen, wie ein Körper zu Gedanken kommt; verstehen Sie denn besser, wie ein Stoff, sei er, wie er sei, Gedanken haben soll? Sie begreifen weder Materie noch Geist, wie können Sie da Behauptungen aufstellen?«

Der Abergläubische kommt seinerseits und sagt, man müsse die, die da meinen, man könne allein mit der Hilfe des Körpers denken, zum Wohle ihrer Seelen verbrennen. Aber was würden sie sagen, wenn sie selbst des Unglaubens beschuldigt würden? Wirklich, welcher Mensch könnte ohne aberwitzige Gottlosigkeit die Behauptung wagen, dem Schöpfer sei es unmöglich, der Materie Gedanken und Gefühle zu verleihen? Seht doch, ich bitte euch, welcher Verlegenheit ihr euch aussetzt, die ihr so die Macht des Schöpfers einschränkt! Die Tiere haben dieselben Organe wie wir, dieselben Gefühle, dieselben Wahrnehmungen; sie haben ein Gedächtnis, und sie verbinden einige Ideen. Wenn Gott die Materie nicht hat beleben und ihr kein Gefühl hat geben können, dann muss eines von beidem stimmen: entweder, dass die Tiere reine Maschinen sind oder dass sie eine mit dem Himmel verbundene Seele haben.

Es scheint mir fast erwiesen, dass die Tiere keine schlichten Maschinen sein können. Hier mein Beweis: Gott gab ihnen genau dieselben Sinnesorgane wie uns; wenn sie nichts spüren, hat Gott also ein zweckloses Werk vollbracht. Nun tut aber Gott gemäß eurem eigenen Bekenntnis nichts sinnlos; also hat er nicht so viele Sinnesorgane geschaffen, damit es dort keine Sinneswahrnehmung gebe; folglich sind die Tiere keine reinen Maschinen.

Eurer Ansicht nach können die Tiere keine dem Himmel verbundene Seele haben; also bleibt euch zum Trotz nichts anderes zu sagen, als dass Gott den Organen der Tiere, die Materie sind, die Fähigkeit zum Fühlen und Wahrnehmen gegeben hat, die ihr bei ihnen Instinkt nennt.

Also wirklich: Wer kann Gott hindern, unseren feineren Organen die Fähigkeit zu fühlen, wahrzunehmen und zu denken, die wir menschliche Vernunft nennen, mitzugeben? Wie ihr euch auch windet, ihr seid gezwungen, euer Unwissen und die unendliche Macht des Schöpfers anzuerkennen. Empört euch also nicht mehr über die weise und bescheidene Philosophie Lockes; weit davon entfernt, glaubensfeindlich zu sein, würde sie ihm als Beweis dienen, wenn der Glaube es nötig hätte; denn welche Philosophie ist religiöser als die, die nur behauptet, was sie klar sieht, die imstande ist, ihre Schwächen einzugestehen, und die euch sagt, man müsse bei Gott anfangen, wenn man die ersten Prinzipien untersucht?

Im Übrigen soll man bloß nicht meinen, ein philosophisches Gefühl könnte dem Glauben eines Landes schaden. Unsere Mysterien widersprechen unseren Beweisführungen doch ebenso, sie werden aber von den christlichen Philosophen deshalb nicht weniger verehrt, die wissen, dass die Dinge der Vernunft und die des Glaubens verschiedener Natur sind. Weshalb? Weil sie nicht für das Volk schreiben und weil sie keine Enthusiasten sind.

Teilen Sie die Menschheit in zwanzig Teile: Neunzehn davon arbeiten mit der Hand und werden niemals wissen, dass es überhaupt einen Locke gibt; im verbleibenden zwanzigsten Teil, wie wenig Leute findet man da, die lesen! Und unter denen, die lesen, gibt es zwanzig, die Romane lesen, auf einen, der die Philosophie studiert. Die Anzahl derer, die denken, ist über alle Maßen gering, und die haben nicht vor, die Welt durcheinanderzubringen.

Es sind weder Montaigne noch Locke, noch Bayle, noch Spinoza, noch Hobbes, noch Lord Shaftesbury, noch Collins, noch Toland etc., die die Flamme der Zwietracht in ihr Vaterland getragen haben; es sind zumeist Theologen, die, nachdem sie den Ehrgeiz gehabt hatten, eine Sekte anzuführen, bestrebt waren, Parteiführer zu werden. Was sage ich! Alle Bücher der modernen Philosophen zusammen werden niemals in der Welt so viel Lärm machen wie ehedem der Streit der Franziskaner[4] um die Form ihrer Ärmel und ihrer Kapuze.

---

4 Nach der Ordensregel von 1223 suchen die Franziskaner die Askese, besonders durch Armut und apostolische Arbeit in Volksseelsorge und Mission. Die Frage nach Strenge und Milde der Durchführung führte schon zu Lebzeiten des Stifters Franz von Assisi zu Streitigkeiten.

Vierzehnter Brief
Über Descartes und Newton

Ein Franzose, der in London ankommt, findet in der Philosophie wie auch sonst andere Verhältnisse vor. Er hat eine volle Welt verlassen, hier ist sie leer. In Paris sieht man die Welt zusammengesetzt aus Wirbeln feinster Materie; nichts davon in London. Bei uns ist es der Druck des Mondes, der die Gezeiten des Meeres verursacht, bei den Engländern ist es das Meer, das zum Mond strebt, dergestalt, dass, wenn Sie annehmen würden, der Mond müsste uns Flut bescheren, diese Herren meinen, jetzt müsste Ebbe sein; was sich leider nicht nachprüfen lässt, denn um sich Klarheit zu verschaffen, wäre es nötig gewesen, Mond und Meere im Moment ihrer Erschaffung zu untersuchen.

Sie werden darüber hinaus bemerken, dass die

Sonne, die in Frankreich nichts damit zu tun hat, hier zu ungefähr einem Viertel dazu beiträgt. Bei Ihren den Cartesianern[1] entsteht alles mit einem Impuls, den man kaum versteht, bei Newton ist es eine Anziehungskraft, deren Ursache man auch nicht besser kennt. In Paris stellt man sich die Erde als eine Melone vor; in London ist sie an zwei Seiten flach. Das Licht ist für einen Cartesianer in der Luft; für einen Newtonianer kommt es in sechseinhalb Minuten von der Sonne. Die französische Chemie vollzieht alle ihre Vorgänge mit Säuren, Salzen und feiner Materie; bei den Engländern mischt die Anziehungskraft auch da noch mit.

Das Wesen selbst der Dinge ist jeweils ein ganz anderes. Sie sind sich weder einig über die Definition der Seele noch über die der Materie. Descartes behauptet, die Seele sei dasselbe wie das Denken, und Locke weist ihm ganz gut das Gegenteil nach.

Descartes behauptet noch, dass allein die Ausdehnung die Materie macht; Newton fügt die Festigkeit hinzu. Das sind enorme Gegensätze.

1   Schüler oder Anhänger von Descartes.

Non nostrum inter vos tantas componere lites[2].

Dieser berühmte Newton, der Zerstörer des cartesianischen Systems, starb im März des vergangenen Jahres 1727. Er wurde geehrt von seinen Zeitgenossen und beerdigt wie ein König, der seinen Untertanen Gutes tat.

Man hat hier die Lobrede, die de Fontenelle auf Newton in der Akademie der Wissenschaften gehalten hat, mit größtem Interesse gelesen und sie ins Englische übersetzt. Man erwartete in England das Urteil de Fontenelles als feierliche Erklärung der Überlegenheit der englischen Philosophie; als man aber sah, dass er Newton mit Descartes verglich, hat sich die gesamte Royal Society von London aufgeregt. Weit davon entfernt, auf das Urteil einzugehen, hat man die Rede kritisiert. Mehrere (und dies sind nicht die stärksten Denker) waren sogar allein deshalb von diesem Vergleich schockiert, weil Descartes Franzose war.

Man muss zugeben, dass diese beiden großen Männer recht verschieden voneinander waren in

---

2   Es ist nicht unsere Aufgabe, so gewaltigen Streit zwischen euch beizulegen (Vergil, 3. *Ekloge*, Vers 108).

ihrem Verhalten, in ihrem Geschick und in ihrer Philosophie.

Descartes war mit einer lebhaften und starken Vorstellungskraft begabt, die aus ihm einen einzigartigen Mann machte im Privatleben wie in seiner Denkweise. Dieses Vorstellungsvermögen konnte sich selbst in seinen philosophischen Werken nicht verbergen, in denen man überall scharfsinnige und glänzende Vergleiche findet. Die Natur hätte beinahe einen Dichter aus ihm gemacht, und tatsächlich setzte er für die Königin von Schweden ein lustiges Unterhaltungsstück in Versen auf, das man zur Ehre seines Andenkens nicht hat drucken lassen.

Er versuchte sich einige Zeit im Kriegsgeschäft, und auch nachdem er Philosoph geworden war, hielt er den Umgang mit Frauen nicht für unter seiner Würde. Von seiner Geliebten hatte er eine Tochter Francine, die früh starb und deren Verlust er sehr betrauerte. So bezeugte er alles, was zum Menschsein gehört.

Er glaubte lange Zeit, es sei nötig, die Menschen zu fliehen und vor allem sein Vaterland, um in Freiheit zu philosophieren. Er hatte recht; die Menschen seiner Zeit verstanden nicht genug davon, um ihn darin weiterzubringen, und waren zu kaum etwas anderem imstande, als ihm zu schaden.

Er verließ Frankreich, weil er die Wahrheit suchte, die dort zu jener Zeit von der elenden Philosophie der scholastischen Schule verfolgt wurde: Doch in den Universitäten Hollands, wohin er sich zurückgezogen hatte, fand er nicht mehr Vernunft. Denn zu der Zeit, da man in Frankreich die einzigen Sätze seiner Philosophie verbot, die stimmten, wurde er in Holland verfolgt von angeblichen Philosophen, die ihn auch nicht besser verstanden und die seine Person, da sie seinen Ruhm aus der Nähe sahen, umso mehr hassten. Er war gezwungen, Utrecht zu verlassen, er war der Beschuldigung des Atheismus ausgesetzt, dem letzten Hilfsmittel der Verleumder; und er, der alle Weisheit seines Verstandes eingesetzt hatte, um neue Beweise für die Existenz Gottes zu suchen, wurde verdächtigt, nichts Derartiges anzuerkennen.

So viel Verfolgung setzt großen Verdienst und glänzenden Ruf voraus: Er hatte sowohl das eine wie das andere. Die Vernunft drang sogar ein wenig durch die Nebel der Scholastik und die Vorurteile des verbreiteten Aberglaubens in die Welt vor. Sein Name machte schließlich so viel von sich reden, dass man ihn gegen Bezahlung nach Frankreich holen wollte. Man schlug ihm eine Rente von tausend Talern[3] vor; auf diese Hoffnung hin kam er, zahlte die Kosten seines Patents, das damals gekauft werden musste, erhielt keine Rente und kehrte wieder zurück, um in der Einsamkeit Nordhollands zu philosophieren; dies zu der Zeit, als der große Galilei im Alter von achtzig Jahren in den Gefängnissen der Inquisition schmachtete, weil er die Bewegung der Erde nachgewiesen hatte. Schließlich starb Descartes in Stockholm eines verfrühten Todes, verursacht von schlechter Ernährung, umgeben von einigen Gelehrten, seinen Feinden, und in den Händen eines Arztes, der ihn hasste.

Der Weg des Ritters Newton war ganz anders. Er hat 85 Jahre gelebt, immer in Frieden, glücklich und geehrt im Vaterland. Sein großes Glück war, nicht nur in einem freien Land zu leben, sondern auch zu einer Zeit, da die scholastischen Anmaßungen verbannt waren und allein die Ver-

3   Vgl. Anm. 6, S. 68

nunft gepflegt wurde; die Welt konnte ihm nur Schüler sein und nicht sein Feind. Im Gegensatz zu Descartes hat er im Verlauf seines langen Lebens weder Leidenschaft noch Schwäche gehabt; er hat sich niemals irgendeiner Frau genähert: Dies wurde mir bestätigt vom Arzt und Chirurgen, in dessen Armen er starb. Das kann man bei Newton bewundern, aber man darf Descartes nicht tadeln.

In England lautet die allgemeine Meinung über diese beiden Denker, dass der erste ein Träumer war, der andere ein Weiser.

In London lesen sehr wenige Descartes, dessen Werke in der Tat unnötig geworden sind; sehr wenige lesen Newton, weil man sehr gebildet sein muss, um ihn zu verstehen; dabei sprechen sie alle von ihnen; dem Franzosen gesteht man nichts zu, dem Engländer alles. Manche Leute meinen, dass, wenn man nicht mehr am Schrecken der Leere[4] festhält, wenn man weiß, dass die Luft Gewicht hat,[5] und wenn man sich eines Fernrohrs bedient, man all das Newton zu verdanken hat. Er ist hier

---

4 »Horror vacui«: vgl. Brief 12.
5 Eigentlich Erkenntnisse Torricellis, vgl. Brief 12.

der Herkules des Märchens, dem die Unwissenden alle Taten der anderen zuschreiben.

In einer Londoner Kritik der Rede de Fontenelles hat man vorzubringen gewagt, Descartes sei kein großer Geometer. Wer so spricht, muss sich vorwerfen lassen, dass er seine eigene Amme schlägt; von dem Punkt, an dem er die Geometrie vorfand, bis zu dem, zu dem er sie gebracht hat, hat Descartes einen genauso weiten Weg zurückgelegt wie nach ihm Newton. Er ist der Erste, der herausfand, wie man algebraischen Gleichungen Kurven gibt. Seine Geometrie, dank ihm heute Allgemeingut, war zu seiner Zeit so tiefgründig, dass kein Professor sich daran wagte, sie zu erklären, und es gab nur Schooten in Holland und Fermat in Frankreich, die es verstanden.

Er übertrug diesen Geist von Geometrie und Entdeckung in die Dioptrik[6], die unter seinen Händen eine ganz neue Kunst wurde; und wenn er sich in etwas täuschte, dann, dass ein Mann, der neues Land entdeckt, nicht gleich dessen gesamte Eigenschaften kennen kann: Die nach ihm kommen und das Land fruchtbar machen, verdanken

6   Teilgebiet der Optik, Lichtbrechungslehre.

ihm immerhin die Entdeckung. Ich würde nicht bestreiten, dass alle anderen Werke Descartes' von Irrtümern wimmeln.

Die Geometrie war ein Führer und Leitfaden, den er in gewisser Hinsicht selber gesponnen hatte und der ihn sicherlich zu seiner eigenen Physik gebracht hätte, indes ließ er diesen Führer schließlich liegen und ging dem Geist des Systems nach. Da wurde seine Philosophie nur noch ein scharfsinniger Roman und allenfalls für Ungebildete wahrscheinlich. Er täuschte sich in der Beschaffenheit der Seele, in den Gottesbeweisen, in der Materie, in den Gesetzen der Bewegung, in der Natur des Lichts; er erkannte die eingeborenen Ideen an, er erfand neue Elemente, er schuf die Welt, er formte den Menschen auf seine Art, und man sagt zu Recht, dass der Mensch des Descartes tatsächlich nur der des Descartes ist und weit entfernt vom wirklichen.

Seine Irrtümer in der Metaphysik trieb er so weit, dass er vorgab, zwei und zwei seien nur deshalb vier, weil Gott es so gewollt habe. Aber damit ist nicht gesagt, dass ihm nicht auch bei seinen Irrtümern Achtung gebührt. Er irrte sich, aber das war zumindest mit Methode und mit

Konsequenz; er zerstörte die absurden Schimären, die man der Jugend seit zweitausend Jahren in den Kopf setzt; er lehrte die Menschen seiner Zeit, zu denken und sich gegen ihn selbst seiner eigenen Mittel zu bedienen. Wenn er schon nicht mit gutem Geld gezahlt hat, dann ist es schon viel, das schlechte in Verruf gebracht zu haben.

Ich glaube nicht, dass man seine Philosophie wirklich grundlos mit der Newtons zu vergleichen wagt: Die erste ist ein Versuch, die zweite ein Meisterwerk. Und vielleicht ist der, der uns auf den Weg der Wahrheit gebracht hat, genauso viel wert wie der, der inzwischen ans Ende dieses Weges gelangt ist.

Descartes gab den Blinden das Augenlicht; sie sahen die Fehler des Altertums und die seinen. Der Weg, den er erschloss, ist nach ihm unendlich geworden. Das kleine Buch von Rohault war für einige Zeit eine vollständige Naturlehre; heute machen die Sammlungen der europäischen Akademien nicht einmal mehr den Anfang eines Systems; bei der Vertiefung des Abgrunds zeigte sich, dass er unendlich ist. Es handelt sich nun darum zu sehen, welche Tiefen Newton da noch ausgelotet hat.

Fünfzehnter Brief
Von der Lehre der Anziehungskraft

Die Entdeckungen des Ritters Newton, die ihm einen weltweiten Ruf einbrachten, betreffen das System der Welt, das Licht, das geometrisch Unendliche und schließlich die Zeitrechnung, mit der er sich zu seiner Erholung vergnügt hat.

Ich werde Ihnen das wenige erzählen (wenn ich kann, ohne zu viele Worte), was ich von all seinen großen Gedanken habe begreifen können.

Was unser Weltsystem angeht, stritt man lange Zeit über die Ursache, die die Planeten veranlasst, sich zu drehen, und die sie in ihrer Bahn hält, und über die, die hienieden alle Körper zur Erdoberfläche herabkommen lässt.

Das System des Descartes, das nach ihm erklärt

und stark verändert wurde, schien diesen Erscheinungen einen triftigen Grund zu verleihen, und dieser Grund erschien umso wahrscheinlicher, als er einfach und jedem verständlich ist. Aber in der Philosophie muss man allem misstrauen, was man leicht zu verstehen meint, genauso wie dem, was man nicht versteht.

Das Gewicht, der beschleunigte Fall der Körper zum Erdboden, die Wende der Planeten in ihrer Bahn, ihre Drehungen um die eigene Achse – all das ist nichts als Bewegung; Bewegung kann aber nur als von einem Impuls ausgelöst verstanden werden; dann werden alle diese Körper also geschoben. Aber wovon? Aller Raum ist voll; er ist also mit einer feinsten Materie gefüllt, denn wir nehmen sie ja nicht wahr; diese Materie zieht von West nach Ost, da sich alle Planeten von West nach Ost bewegen. Auch hat man sich, von Annahme zu Annahme und von Wahrscheinlichkeit zu Wahrscheinlichkeit, einen gewaltigen Wirbel feinster Materie vorgestellt, in dem die Planeten um die Sonne bewegt werden; man hat noch einen Einzelwirbel ersonnen, der im großen schwimmt und täglich um den Planeten kreist. Wenn das so ist, gab man an, hängt die Schwere von dieser täglichen Bewegung ab; denn die feinste Materie, sagt man, die um unseren kleinen Wirbel kreist, muss sich 17-mal schneller bewegen als die Erde; wenn sie nun 17-mal schneller ist als die Erde, muss sie eine ungleich höhere Zentrifugalkraft haben und folglich alle Körper zur Erde hin drücken. So die Ursache der Schwerkraft im cartesianischen System.

Aber vor der Berechnung dieser Zentrifugalkraft und der Geschwindigkeit jener feinen Materie müsste man sich vergewissern, ob es sie gibt, und angenommen, es gäbe sie, dann erweist es sich noch immer als falsch, dass sie die Ursache der Schwerkraft sein könnte.

Newton stellt alle diese Wirbel, große und kleine, restlos in Abrede, sowohl den, der die Planeten um die Sonne trägt, als auch den, der jeden Planeten sich um sich selbst drehen lässt.

Erstens, was den angeblich kleinen Wirbel der Erde angeht, so ist erwiesen, dass er nach und nach an Bewegung verlieren muss; es ist erwiesen, dass, wenn die Erde in einer Flüssigkeit schwimmt, diese Flüssigkeit von derselben Dichte sein müsste wie die Erde, und wenn diese

Flüssigkeit von derselben Dichte wäre, müssten wir an allen Körpern, die wir bewegen, einen äußersten Widerstand feststellen, d. h. es bedürfte eines Hebels von der Länge der Erde, um das Gewicht eines Pfundes zu heben.

Zweitens: Was die großen Wirbel betrifft, so sind sie noch verrückter. Es ist unmöglich, sie mit den Kepler'schen Regeln in Einklang zu bringen, deren Richtigkeit feststeht. Newton zeigt, dass die Wende der Flüssigkeit, in der Jupiter angeblich mitgeschwemmt wird, sich nicht zur Wende der Flüssigkeit der Erde verhält wie die Wende Jupiters zu der der Erde.

Er beweist, dass, wenn alle Planeten ihre Wende in Ellipsen vollziehen und folglich in ihren *Aphelen* recht weit voneinander entfernt sind und in ihren *Perihelen*[1] einander recht nah, die Erde sich z. B. schneller bewegen müsste, wenn sie Venus und Mars näher ist, weil die Flüssigkeit, die sie trägt, dann gedrängter sein und deshalb eine

1 Aphel und Perihel: Apside, d.h. die beiden Punkte der elliptischen Bahn eines Himmelskörpers (hier der Erde), in denen er vom Hauptkörper den größten oder geringsten Abstand hat. Erdbahn: Perihel = Sonnennähe, Aphel = Sonnenferne.

höhere Geschwindigkeit haben muss; und dabei ist es gerade dann, dass die Erde an Geschwindigkeit verliert.

Er beweist, dass es keine himmlische Materie gibt, die von West nach Ost zieht, weil die Kometen den Raum mal von Ost nach West, mal von Nord nach Süd durchqueren.

Um die ganze Schwierigkeit – soweit möglich – noch besser herauszustellen, beweist er oder macht zumindest sehr wahrscheinlich, und dies sogar mit Experimenten, dass ein voller Raum unmöglich ist, und gibt uns den leeren Raum wieder zurück, den Aristoteles und Descartes aus der Welt verbannt hatten.

Nachdem er mit diesen Überlegungen und noch vielen anderen die Wirbel des Cartesianismus umgeworfen hatte, kam er nicht weiter bei seiner Suche nach einem versteckten Prinzip in der Natur, das gleichzeitig die Bewegung aller Himmelskörper und die Erdanziehung bewirkt. Er hatte sich 1666 aufs Land, nahe Cambridge, zurückgezogen, als er eines Tages durch seinen Garten spazierte und Obst von einem Baum fallen sah; er überließ sich einer tiefgehenden Überlegung zu dieser Schwere, deren Ursache alle Philosophen so lange vergebens gesucht hatten und an der die einfachen Leute nicht einmal etwas Geheimnisvolles vermuten. Er sagte sich: »Aus welcher Höhe in unserer Hemisphäre diese Körper auch fielen, ihr Fall folgt bestimmt der von Galilei entdeckten Progression; und die von ihnen durchlaufenen Räume wären wie Zeitfelder. Diese Kraft, die die Körper fallen lässt, bleibt ohne spürbare Verringerung dieselbe, wie tief in der Erde und hoch auf den Bergen man auch sei. Warum sollte diese Kraft nicht bis zum Mond reichen? Und wenn es wahr ist, dass sie bis dahin wirkt, hat es nicht allen Anschein, dass sie ihn in seinem Kreis festhält und seine Bewegung bestimmt? Wenn aber der Mond diesem Prinzip, welches das auch sei, gehorcht, ist es nicht nur vernünftig anzunehmen, dass ihm andere Planeten gleichfalls unterworfen sind?«

»Wenn diese Kraft existiert, muss sie (was übrigens bewiesen ist) umgekehrt proportional zu den Distanzfeldern zunehmen. Es bleibt also nur noch der Weg zu untersuchen, den ein Körper zurücklegt, wenn er aus einer mittleren Höhe zur Erde fällt, und jenen, den ein Körper zurücklegt, der in derselben Zeit von der Laufbahn des Mondes herabfällt. Um darüber Bescheid zu wissen, muss man nur noch die Maße der Erde und ihren Abstand zum Mond kennen.«

So also überlegte Newton. Aber damals hatte man in England nur sehr falsche Maße unseres Globus; und man bezog sich dabei auf die ungenaue Schätzung der Steuerleute, die für einen Grad sechzig englische Seemeilen zählten anstelle der zu zählenden annähernd siebzig. Als diese falsche Berechnung nicht übereinstimmte mit den Schlüssen, die Newton ziehen wollte, ließ er sie liegen. Ein mittelmäßiger Philosoph, der bloß eitel gewesen wäre, hätte das Erdmaß seinem System angepasst, so gut er gekonnt hätte. Newton zog es da vor, von seinem Projekt abzulassen. Als aber Picard die Erde exakt vermessen hatte, indem er die Mittagslinie zog, die Frankreich so viel Ehre macht, nahm Newton seine früheren Ideen wieder auf und kam mit Picards Maßen auf seine Rechnung. Das ist eine Sache, die mir sehr bewundernswert erscheint, dass man zu so ungeheuren Erkenntnissen mit Hilfe eines Viertelkreises und mit einem bisschen Arithmetik gelangt ist.

Der Erdumfang beträgt bei Paris 123 249 600

Fuß von Paris². Daraus kann man auf das ganze System der Erdanziehung folgern.

Wir kennen den Erdumfang, wir kennen den des Mondkreises und dessen Durchmesser. Die Wende des Mondes vollzieht sich in diesem Kreis in 27 Tagen, 7 Stunden und 43 Minuten; damit ist gezeigt, dass der Mond in seiner mittleren Bewegung 187 960 Fuß von Paris in der Minute zurücklegt² und es ist mit einem bekannten Lehrsatz gezeigt, dass die zentrale Kraft, die einen Körper von der Höhe des Mondes fallen ließe, ihn in der ersten Minute nur 15 Fuß von Paris fallen lassen würde.

Wenn jetzt die Regel stimmt, nach der die Körper Gewicht haben, gravitieren und sich anziehen im umgekehrten Verhältnis zu den Distanzfeldern, wenn es dieselbe Kraft ist, die nach dieser Regel in der gesamten Natur herrscht, dann ist klar, dass ein Körper, wenn die Erde

2 Der Fuß von Paris oder »Pied de roi« als Längenmaß galt 1668 bis 1799 und maß 324,84375 mm = 0,32484375 m. Es wären also 61 057,63125 m/min = 1017,6271875 m/s = 1,0176271875 km/s. Heute misst man beim Mond eine Durchschnittsgeschwindigkeit von 1,023 km/s, also eine Differenz von 5,3728125 m/s.

sechzig Halbdiameter vom Mond entfernt ist, in der ersten Sekunde 15 Fuß fallen muss und 54 000 in der ersten Minute.

Es ist so, dass ein Körper tatsächlich 15 Fuß in der ersten Sekunde fällt und in der ersten Minute 54 000 Fuß zurücklegt, was sechzig im Quadrat mal fünfzehn ist; also wiegen die Körper umgekehrt proportional zu den Distanzfeldern; folglich bewirkt dieselbe Kraft das Gewicht auf der Erde und die Stabilität des Mondes in seiner Kreisbahn.

Wenn aber gezeigt ist, dass der Mond auf der Erde lastet, die Zentrum seiner Eigenbewegung ist, dann ist gezeigt, dass die Erde und der Mond von der Sonne abhängen, die Zentrum ihrer jährlichen Bewegung ist.

Die anderen Planeten müssen dieser allgemeinen Gesetzmäßigkeit unterliegen, und sie müssen, wenn es diese Gesetzmäßigkeit gibt, den von Kepler herausgefundenen Regeln folgen. Alle diese Regeln, alle diese Beziehungen werden in der Tat von den Planeten mit äußerster Genauigkeit eingehalten; also lässt die Gravitationskraft alle Planeten von der Sonne abhängen, genauso wie unseren Globus. Weil die Reaktion eines Körpers relativ zur Aktion ist, bleibt schließlich als sicher bestehen, dass die Erde ihrerseits auf dem Mond lastet, die Sonne auf den beiden, jeder der Satelliten des Saturn auf den vier anderen und die vier auf ihm, alle fünf auf Saturn und Saturn auf allen; dass es ebenso ist bei Jupiter und dass alle diese Globen von der Sonne angezogen werden, die umgekehrt von ihnen angezogen wird.

Diese Gravitationskraft wirkt proportional zur Materie, die die Körper enthalten; das ist eine der Wahrheiten, die Newton mit Versuchen nachgewiesen hat. Diese neue Entdeckung half zu erkennen, wie die Sonne als Zentrum aller Planeten diese alle entsprechend ihrem Verhältnis zu ihrer Masse und entsprechend ihrer Entfernung anzieht. Daraus, sich schrittweise zu Kenntnissen erhebend, die nicht für den menschlichen Verstand gemacht zu sein schienen, wagt er zu berechnen, wie viel Materie die Sonne enthält und wie viel es davon in jedem Planeten gibt; und so machte er ersichtlich, dass aufgrund einfacher mechanischer Gesetze jeder Himmelskörper zwangsläufig an dem Platz stehen muss, an dem er sich befindet. Sein Prinzip der Gravitationsgesetze allein erläutert alle offensichtlichen Unregelmäßigkeiten im Lauf der Himmelskörper. Die Veränderungen des Mondes werden zu einer notwendigen Folge dieser Gesetze. Des Weiteren erkennt man klar, warum die Scheitelpunkte in der Laufbahn des Mondes in 19 Jahren wiederkommen und die der Erde im Zeitraum von ca. 26 000 Jahren. Flut und Ebbe des Meeres sind eine weitere sehr einfache Auswirkung der Anziehungskraft. Die Nähe des neuen Vollmondes und seine Entfernung erklären gemeinsam mit der Wirkung der Sonne eindeutig die Hebung und Senkung des Ozeans.

Nachdem er mit seiner großartigen Theorie Verlauf und Unregelmäßigkeiten der Planeten festgestellt hatte, unterwarf er die Kometen dem Zaum desselben Gesetzes. Diese so lange unbekannten Feuer, die der Schrecken der Welt und das Hindernis der Philosophen waren, von Aristoteles unter den Mond gesetzt und von Descartes hinter den Saturn verbannt, sind von Newton endlich an ihren rechten Platz gestellt worden.

Er weist nach, dass es feste Körper sind, die sich im Wirkungsfeld der Sonne bewegen und eine so exzentrische und parabelförmige Ellipse beschreiben, dass bestimmte Kometen mehr als fünfhundert Jahre für eine Wende benötigen.

Halley meint, dass der Komet von 1680[3] derselbe sei, der zur Zeit von Julius Cäsar auftauchte: Dieser vor allem dient mehr als ein anderer dazu, sehen zu lassen, dass die Kometen harte und feste Körper sind; denn er kam der Sonne so nahe, dass er nur um ein Sechstel ihrer Scheibe von ihr entfernt war; er musste folglich einen zweitausendfach höheren Hitzegrad erreichen als den Glutpunkt vom Eisen. Er wäre binnen kurzem aufgelöst und verschlissen gewesen, wäre er nicht ein fester Körper. In der Folge begann die Bahn der Kometen zur Mode zu werden. Der bekannte Mathematiker Jacques Bernoulli schloss aus seinem System, dass dieser berühmte Komet von 1680 am 17. Mai 1719 wieder auftauchen würde. Kein Astronom legte sich in dieser Nacht zum 17. Mai schlafen, aber der berühmte Komet erschien mitnichten. Es ist zumindest geschickter, wenn nicht sicherer, seine Rückkehr für in 575 Jahren vorzusehen. Ein englischer Geometer namens Whiston, nicht weniger Träumer als Geometer, hat allen Ernstes behauptet, dass es zur Zeit der Sintflut einen Kometen gab, der

3   Kirchs Komet war der von Halley 1682.

unseren Globus überflutet habe, und war dann selbstgerecht genug, sich zu wundern, als man über ihn lachte. Das Denken der Alten war ganz nach Whistons Geschmack; man glaubte, die Kometen seien stets Vorläufer eines großen Unglücks auf der Erde. Newton dagegen meint, dass sie Gutes bewirken und dass die von ihnen ausgehenden Dämpfe dazu dienen, die Planeten zu unterstützen und zu beleben, die sich auf ihrer Bahn mit all den Partikeln anreichern, die die Sonne von den Kometen gelöst hat. Diese Annahme ist immerhin wahrscheinlicher als die anderen.

Das ist nicht alles. Wenn diese Gravitations-, diese Anziehungskraft auf alle Himmelskörper einwirkt, wirkt sie schließlich auch auf alle Teile dieser Körper; denn wenn die Körper sich aufgrund ihrer Masse anziehen, kann das nur an der Quantität ihrer Teile liegen; und wenn diese Kraft im Ganzen herrscht, dann auch im Halben, im Viertel, im Achtel und so bis zum Unendlichen. Wenn weiter diese Kraft nicht gleichfalls in jedem Teil wäre, dann gäbe es immer irgendwelche Seiten des Körpers, die mehr als die anderen gravitierten, was aber nicht vorkommt. Also herrscht diese Kraft tatsächlich in der gesamten Materie und in den kleinsten Teilen der Materie.

So also steht es mit der Anziehungskraft, der großen Triebfeder, die die ganze Natur in Bewegung hält.

Newton hat sehr wohl vorausgesehen, dass man sich nach dem Beweis der Existenz dieses Prinzips allein schon gegen das Wort auflehnen würde. An mehr als einer Stelle seines Buchs warnt er seinen Leser vor der Anziehungskraft selbst, er hält ihn an, sie nicht zu verwechseln mit den verborgenen Qualitäten[4] der Alten und sich nicht zufriedenzugeben mit der Gewissheit, dass es in allen Körpern eine zentrale Kraft gibt, die gemäß den unwandelbaren Gesetzen der Mechanik von einem Ende der Welt zum anderen auf die nächsten und fernsten Körper einwirkt.

Es ist erstaunlich, dass Saurin und de Fontenelle nach diesen feierlichen Beteuerungen dieses großen Philosophen, die beide selbst diese Bezeichnung verdienen, ihm ganz offen

4   Verborgene Qualitäten, Begriff der Scholastik. Eigenschaften, die so sind, wie sie sind, weil sie so sind, wie Gott sie geschaffen hat.

grillenhaften Peripatetismus[5] vorgeworfen haben: Saurin im Memorandum der Akademie von 1709 und de Fontenelle sogar in der Lobrede auf Newton.

Fast alle Franzosen, gebildete und andere, haben diesen Vorwurf nachgesprochen. Man hört überall sagen: »Warum hat sich Newton nicht des Wortes Impuls bedient, das man so gut versteht, statt des Begriffs Anziehung, den man nicht versteht?«

Newton hätte diesen Kritikern entgegnen können: »Erstens verstehen Sie Impuls genauso wenig wie Anziehung, und wenn Sie nicht begreifen, wieso ein Körper zur Mitte eines anderen strebt, können Sie sich auch nicht besser vorstellen, aufgrund welcher Eigenschaft ein Körper einen anderen bewegen kann.

Zweitens habe ich Impuls nicht zulassen können, denn dazu hätte ich eine Materie kennen müssen, die die Planeten tatsächlich bewegt; nun kenne ich diese Materie nicht nur nicht, sondern ich habe bewiesen, dass es sie nicht gibt.

5 Peripatetismus: vgl. Aristoteles, Brief 13. Hier für scholastisches Denken.

Drittens bediene ich mich des Wortes Anziehung nur, um einen Effekt auszudrücken, den ich in der Natur entdeckt habe, ein feststehender und unbestreitbarer Effekt eines unbekannten Prinzips, eine der Materie eigene Qualität, deren Ursache Fähigere als ich finden werden, wenn sie können.«

»Was haben Sie uns denn dann gezeigt«, beharrt man noch, »und wozu so viele Berechnungen, um uns etwas zu sagen, was Sie selber nicht begreifen?«

»Ich habe Ihnen gezeigt«, könnte Newton fortfahren, »dass aufgrund der Mechanik der zentralen Kräfte alle Körper im Verhältnis zu ihrer Materie Gewicht haben, dass allein diese zentralen Kräfte die Planeten und die Kometen in den bezeichneten Maßen in Bewegung halten. Ich beweise, dass es unmöglich eine andere Kraft für das Gewicht und die Bewegung der Himmelskörper geben kann; denn die Körper streben zur Erde im gezeigten Verhältnis der zentralen Kräfte, und die Planeten ziehen ihre Bahn gemäß denselben Verhältnissen, und wenn es noch eine weitere Kraft gäbe, die auf alle Körper einwirkt, dann würde ihre Geschwindigkeit gesteigert oder ihre Richtung geändert. Es hat aber kein einziger dieser Körper auch nur ein Quentchen Bewegung, Schnelligkeit oder Richtung, das nicht als Effekt der zentralen Kräfte nachgewiesen wäre; es gibt also unmöglich noch ein anderes Prinzip.«

Es sei mir erlaubt, Newton noch einen Augenblick sprechen zu lassen. Vielleicht würde es gut aufgenommen, wenn er sagte: »Ich bin in einer recht anderen Situation als die Alten. Sie sahen z. B. das Wasser in den Pumpen steigen und sagten: ›Das Wasser steigt, weil es Angst hat vor der Leere.‹ Ich bin aber in der Lage dessen, der als Erster festgestellt hätte, dass das Wasser in den Pumpen steigt, und es anderen überließe, die Ursache dieser Wirkung zu erklären. Der Anatom, der als Erster gesagt hat, dass sich der Arm bewegt, weil sich die Muskeln zusammenziehen, hat den Menschen eine unwiderlegbare Wahrheit beigebracht: Wird man ihm weniger zu verdanken haben, weil er nicht gewusst hat, warum die Muskeln sich zusammenziehen? Die Ursache für die Elastizität der Luft ist unbekannt, aber wer diese Federkraft entdeckt hat, hat der Physik einen großen Dienst erwiesen. Die von mir entdeckte Kraft war versteckter, allgemeiner;

so sollte man mir umso dankbarer sein. Ich habe eine neue Qualität der Materie entdeckt, eines der Geheimnisse des Schöpfers; ich habe ihre Wirkung berechnet und nachgewiesen; kann man mir Vorwürfe machen wegen des Wortes, das ich zu ihrer Bezeichnung verwende?

Die Wirbel könnte man eine verborgene Qualität nennen, da man ihre Existenz nie nachgewiesen hat. Die Anziehung dagegen ist etwas Wirkliches, weil man ihre Wirkung sieht und ihre Verhältnismäßigkeiten berechnen kann. Der Grund für diese Ursache liegt im Schoße Gottes.«

Procedes huc, et non ibis amplius.[6]

6   Du kommst bis dahin voran und nicht weiter.

Sechzehnter Brief
Von der Optik des Herrn Newton

Eine neue Welt ist von den Philosophen des letzten Jahrhunderts entdeckt worden, und diese neue Welt war umso schwieriger kennenzulernen, als man nicht einmal geahnt hatte, dass es sie gibt. Den Weisesten erschien es als törichte Vermessenheit, auch nur daran zu denken, man könne herausfinden, nach welchen Gesetzmäßigkeiten sich die Himmelskörper bewegen und was es mit dem Licht auf sich hat.

Galilei, in seinen astronomischen Entdeckungen, Kepler, in seinen Berechnungen, Descartes, zumindest in seiner Dioptrik, und Newton, in allen seinen Arbeiten, haben die Mechanik der Kräfte der Welt erkannt. In der Geometrie hat man das Unendliche einer Berechnung unterzogen. Der Kreislauf des Bluts in den Tieren und des

Safts in den Pflanzen[1] hat für uns die Natur verändert. Den Körpern wurde infolge der Erkenntnis, dass sie Luft pumpen, eine neue Daseinsform verliehen. Gegenstände haben sich uns mit Hilfe von Teleskopen angenähert. Schließlich übertrifft, was Newton über das Licht entdeckt hat, an Kühnheit alles, was die menschliche Neugierde nach so vielen Neuheiten erwarten konnte.

Bis Antonio de Dominis galt der Regenbogen als unerklärliches Wunder; dieser Denker erriet, dass er ein notwendiger Effekt von Sonne und Regen war. Descartes machte seinen Namen unsterblich mit der mathematischen Erklärung dieser so natürlichen Erscheinung; er berechnete die Lichtreflexe in den Regentropfen, und dieser Scharfsinn hatte damals etwas Göttliches.

Was aber würde er gesagt haben, hätte man ihn wissen lassen, dass er sich in der Natur des Lichts täuschte; dass er keinen Grund zu der Behauptung hatte, dies sei ein Kugelkörper; dass es falsch ist, dass dieser Stoff, der sich über die ganze Welt erstreckt, nur darauf wartet, dass ihn die Sonne bewegt, um in Aktion zu treten, so wie

1   Harvey und Perrault sind die Entdecker.

ein langer Stock, der sich am einen Ende bewegt, wenn er am anderen geschoben wird; dass es sehr wohl stimmt, dass es von der Sonne ausgeht und von der Sonne in nicht einmal sieben Minuten auf die Erde übertragen wird, während eine Kanonenkugel bei gleichbleibender Geschwindigkeit für diesen Weg 25 Jahre bräuchte?

Wie hätte er gestaunt, wenn ihm zu Gehör gekommen wäre: »Es ist falsch, dass das Licht direkt reflektiert wird, wenn es auf die festen Teile des Körpers trifft; es ist falsch, dass Körper mit weiten Poren durchlässig sind; und es wird ein Mann kommen, der diese Paradoxe darstellen und einen einzelnen Lichtstrahl mit größerer Fertigkeit in seine Bestandteile zerlegen wird, als der fähigste Könner den menschlichen Körper seziert!«

Dieser Mann ist gekommen. Newton hat allein mit Hilfe des Prismas vor Augen geführt, dass das Licht die Summe farbiger Strahlen ist, die zusammen Weiß ergeben. Ein einzelner Strahl ist in sich in sieben Strahlen aufgeteilt, die alle auf einem Leintuch oder einem weißen Papier in ihrer Ordnung aufkommen, einer über dem anderen und in ungleichen Abständen. Der erste ist feuerfarben, der zweite orange, der dritte gelb, der vierte grün, der fünfte blau, der sechste indigo, der siebte violett. Keiner dieser Strahlen, gesiebt in hundert weiteren Prismen, wird je die Farbe ändern, die er trägt, so wie gereinigtes Gold sich im Schmelztiegel nicht mehr ändert. Und um der Beweise genug zu erbringen, dass jeder dieser Elementarstrahlen das in sich trägt, was für unsere Augen seine Farbe macht, nehmen Sie z. B. ein kleines Stück gelbes Holz und halten Sie es in den feuerfarbenen Strahl: Das Holz wird sofort feuerfarben; halten Sie es in den grünen: Es wird grün; und so fort mit den übrigen.

Was also ist die Ursache der Farben in der Natur? Nichts anderes als die Anlage der Körper, die Strahlen in einer bestimmten Ordnung zu reflektieren und alle anderen zu absorbieren. Was ist das für eine verborgene Eigenschaft? Newton zeigt, dass das einzig an der Dichte der kleinen Bestandteile liegt, aus denen sich ein Körper zusammensetzt. Und wie vollzieht sich diese Reflexion? Man dachte, das sei, weil die Strahlen wie eine Kugel auf einen festen Körper stoßen. Keineswegs; Newton lehrt die erstaunten Philosophen, dass die Körper nur fest sind, weil ihre Poren weit sind, dass das Licht in unseren

Augen mitten in der Pore reflektiert wird, dass ein Körper umso transparenter ist, je enger seine Poren sind: so das Papier, das das Licht reflektiert, wenn es trocken ist, und das es durchlässt, wenn es ölig ist, weil das Öl die Poren, indem es sie füllt, erheblich verkleinert.

Indem er die äußerste Porosität der Körper untersucht, wobei jeder Teil seine Poren und jeder Teil dieser Teile die seinen hat, zeigt er, dass es nicht sicher ist, ob es überhaupt ein Klümpchen fester Materie auf der Welt gibt; so weit ist unser Verstand davon entfernt zu begreifen, was die Materie ist!

Nachdem er so das Licht zerlegt und den Scharfsinn seiner Erkenntnisse dahin gebracht hat zu zeigen, mit welchen Mitteln man die Farbe als aus Grundfarben zusammengesetzt kennenlernt, zeigt er, dass diese Elementarstrahlen, mit Hilfe des Prismas getrennt, nur in ihrer Ordnung zusammenstehen, weil sie in derselben Ordnung gebrochen worden sind: Es ist diese bis zu ihm unbekannte Eigenschaft, sich in diesem Verhältnis zu brechen, diese ungleiche Strahlenbrechung, das Vermögen, das Rot weniger zu brechen als die orangene Farbe usw., was er Brechbarkeit nennt.

Die am stärksten reflektierbaren sind die brechbarsten Strahlen; von da zeigt er, dass dieselbe Kraft die Widerspiegelung und die Brechung verursacht.

So viele Wunder sind erst der Anfang seiner Entdeckung; er hat das Geheimnis gefunden, wie man die Schwingungen und Stöße des Lichts sieht, die unaufhörlich kommen und gehen und die das Licht durchlassen oder reflektieren, je nach der Dichte der Stellen, auf die sie treffen; er wagte sich daran, die nötige Dichte der Luft zwischen zwei übereinandergelegten Gläsern zu berechnen, das eine gerade, das andere konvex auf einer Seite, um diese oder jene Durchlässigkeit oder Reflexion zu bewirken und um diese oder jene Farbe zu erhalten.

Mit all diesen Kombinationen hat er herausgefunden, in welchem Verhältnis das Licht auf die Körper und die Körper auf das Licht wirken.

Er sah das Licht so gut, dass er festgelegt hat, an welchem Punkt die Kunst, es zu vermehren und unsere Augen mit Teleskopen zu unterstützen, ihre Grenzen finden muss.

Mit einem edlen Vertrauen, das durchaus verzeihlich ist angesichts des Eifers, mit dem ihn die

Anfänge einer fast von ihm entdeckten Kunst anfüllten, hoffte Descartes, mit Ferngläsern auf den Sternen genauso kleine Gegenstände zu sehen, wie man sie auf der Erde unterscheiden kann.

Newton hat gezeigt, dass man die Gläser nicht mehr verbessern kann eben wegen dieser Brechung und dieser Brechbarkeit selbst, die zu viele der Elementarstrahlen ausschließt, während sie uns die Dinge näherbringt; er hat an diesen Gläsern das Streuungsverhältnis der roten und blauen Strahlen berechnet; und er untersuchte, bei einer Beweisführung an Dingen, deren Existenz man nicht einmal ahnte, die Ungleichmäßigkeiten, die das Glas verursacht, und jene, die die Brechbarkeit bewirkt. Er fand heraus, dass, wenn das gläserne Objektiv, konvex auf der einen und flach auf der anderen Seite, mit der flachen Seite dem Objekt zugewandt ist, die Verzerrung durch Bauart und Position des Glases fünftausendfach geringer ist als die, die die Brechbarkeit verursacht, und dass es somit nicht an der Form der Gläser liegt, dass man die Ferngläser nicht verbessern kann, sondern dass man sich da an die Beschaffenheit des Lichts selbst halten muss.

Darum entwickelte er ein Teleskop, das die

Gegenstände mit Hilfe der Reflexion und nicht mit Hilfe der Brechung zeigt. Diese neue Art Gläser ist sehr schwierig herzustellen und nicht einfach im Gebrauch; aber man sagt in England, dass ein Spiegelteleskop von fünf Fuß Länge dieselbe Wirkung hat wie ein Fernrohr von hundert.

Siebzehnter Brief
Vom Unendlichen und der Zeitrechnung

Das Labyrinth und der Abgrund des Unendlichen sind ebenfalls ein neuer, von Newton beschrittener Weg, und man erhält von ihm den Faden, mit dem man sich da zurechtfindet.

Descartes erweist sich auch bei dieser erstaunlichen Neuheit als sein Vorläufer; er ging mit großen Schritten auf das Unendliche zu, doch hielt er an dessen Rand an. Mister Wallis war in der Mitte des vorigen Jahrhunderts der Erste, der einen Bruch durch fortgesetzte Teilung zu einer unendlichen Folge reduzierte.

Lord Brouncker bediente sich dieser Folge, um die Hyperbel ins Quadrat zu erheben.

Mercator veröffentlichte eine Darstellung dieser Quadratur. Es war ungefähr zu dieser Zeit, dass Newton, im Alter von 23 Jahren, eine allgemeine Methode erdachte, auf alle Kurven das anzuwenden, was man gerade an der Hyperbel ausprobiert hatte.

Diese Methode, das Unendliche in allem der algebraischen Berechnung zu unterwerfen, nennt man Differential- oder Integralrechnung. Es ist die Kunst, das zu nummerieren und genau zu vermessen, was man gar nicht wahrnehmen kann.

Und wirklich, würden Sie nicht glauben, man wolle sich über Sie lustig machen, wenn man Ihnen sagte, es gebe unendlich lange Linien, die einen unendlich kleinen Winkel bilden?

Dass eine Gerade eine Gerade ist, soweit sie endlich ist, aber, in unendlich geringem Maße die Richtung ändernd, eine unendliche Kurve wird: dass die Kurve unendlich weniger Kurve werden kann?

Dass es unendliche Quadrate, unendliche Würfel und unendliche Unendliche gibt, deren vorletztes ein Nichts ist im Verhältnis zum letzten?

All dies, was zunächst als Höhe der Unvernunft erscheint, ist in Wirklichkeit die Kraft des Scharfsinns und der Ausdehnung des menschlichen Verstandes und eine Methode, bis dahin unbekannte Wahrheiten herauszufinden.

Dieses so gewagte Gedankengebäude ist dabei auf einfachen Ideen begründet. Es handelt sich darum, die Diagonale eines Quadrats zu messen, den Flächeninhalt einer Kurve zu haben, die Quadratwurzel zu einer Zahl zu finden, die in der normalen Arithmetik keine hat.

Und bei all dem dürften so viele Arten des Unendlichen das Vorstellungsvermögen nicht mehr überfordern als die so bekannte Feststellung, dass man zwischen Kreis und Tangente immer noch Kurven hindurchführen kann; oder die andere, dass die Materie immer teilbar ist. Diese beiden Wahrheiten sind seit langer Zeit erwiesen und sind nicht leichter zu begreifen als der Rest.

Man hat lange abgestritten, dass Newton diese Rechnung eingeführt hat. Leibniz galt in Deutschland als Entdecker der Differentiale, die Newton Fluxionen nennt, und Bernoulli beanspruchte die Integralrechnung; doch die Ehre der Erstentdeckung blieb Newton, und den anderen der Ruhm, Unentschiedenheiten zwischen sich und ihm hervorrufen zu können.

So ähnlich lief es auch, als man Harvey absprach, den Blutkreislauf, und Perrault, den Kreislauf des Pflanzensaftes entdeckt zu haben.

Hartsoeker und Leeuwenhoek haben sich die Ehre streitig gemacht, als Erster die kleinen Würmchen gesehen zu haben, aus denen wir gemacht sind. Derselbe Hartsoeker hat Huygens die Einführung einer neuen Methode streitig gemacht, die Entfernung eines Fixsterns zu berechnen. Man weiß noch nicht, welcher Philosoph das Problem der Zykloide löste.

Wie dem auch sei, es ist diese Geometrie des Unendlichen, die Newton zu den großartigsten Erkenntnissen verhalf.

Es bleibt mir noch, von einem anderen Werk zu sprechen, das zwar eher in der Reichweite der Menschheit liegt, das aber immer noch etwas vom Schöpfergeist hat, den Newton in alle seine Untersuchungen trug; das ist eine ganz neue Zeitrechnung, denn bei allem, was er unternahm, musste er die von anderen übernommenen Vorstellungen ändern. Gewohnt, Chaotisches zu entwirren, hat er zumindest etwas Licht in diese alten, mit der Geschichte verschmolzenen Fabeln bringen und eine unsichere Zeitrechnung richtigstellen wollen. Es gibt keine Familie, Stadt oder Nation, die nicht ihren Ursprung zurückzuverfolgen versucht; dabei waren die ersten Geschichtsschreiber am nachlässigsten im Festhalten von Daten; Bücher waren tausendmal weniger verbreitet als heute; da man demzufolge weniger der Kritik ausgesetzt war, konnte man die Mitwelt gefahrloser täuschen; und da man Ereignisse offenbar vermutet hat, ist es recht wahrscheinlich, dass man Daten ebenso vermutet hat.

Im Ganzen schien Newton die Welt um fünfhundert Jahre jünger zu sein, als die Chronisten sagen; er begründet seine Annahme mit dem normalen Verlauf der Natur und mit den astronomischen Berechnungen.

Wir verstehen hier unter Verlauf der Natur die Zeit einer jeden Menschengeneration. Die Ägypter hatten sich als Erste dieser unsicheren Zählweise bedient. Als sie die Anfänge ihrer Geschichte schreiben wollten, zählten sie 341 Generationen von Menes bis Sethon[1], und da sie keine festen Daten hatten, setzten sie drei Generationen für hundert Jahre an. So rechneten sie von der

1   Mit der Herrschaft des Königs Menes, um 2900 v. Chr., beginnt die historische Zeit. Der Pharao Sethos 1. (ca. 1323–1279 v. Chr.) war zweiter Herrscher der 19. Dynastie, Sohn von Ramses 1.

Herrschaft des Menes bis zur Herrschaft des Sethon 11 340 Jahre.

Die Griechen, bevor sie nach Olympiaden zählten, folgten der Methode der Ägypter und weiteten die Dauer der Generationen sogar noch ein wenig aus, indem sie jede Generation auf vierzig Jahre dehnten.

Nun, da haben sich Ägypter und Griechen verrechnet. Es ist wohl wahr, dass bei normalem Verlauf der Natur drei Generationen ca. 100–120 Jahre ausmachen; aber es müssen dann auch drei Herrschaften für diese Zahl an Jahren halten. Es ist klar, dass die Menschen im Allgemeinen länger leben, als die Könige regieren. So wird ein Mann, der die Geschichte ohne genaue Daten niederschreiben will und der weiß, dass es in einem Volk neun Könige gegeben hat, sehr falsch liegen, wenn er 300 Jahre für diese neun Könige rechnet. Jede Generation hat ungefähr 36 Jahre; jede Herrschaft ungefähr 20, da eins das andere trägt. Nehmen Sie die 30 Könige Englands von Wilhelm dem Eroberer bis George I.; sie haben 648 Jahre geherrscht, was aufgeteilt auf die 30 Könige für jeden 21 ½ Jahre ergibt. 63 französische Könige haben, einer nach dem anderen, jeder fast 20 Jahre regiert. Dies also ist der Normalverlauf der Natur. Also haben sich die Alten getäuscht, als sie, im Großen und Ganzen, Dauer von Herrschaft und Generation gleichgesetzt haben; sie haben also zu viel berechnet; es liegt demzufolge nahe, ein wenig von ihrer Rechnung abzuziehen.

Die astronomischen Beobachtungen scheinen unserem Philosophen noch mehr zu helfen; er wirkt stärker, wenn er auf eigenem Boden kämpft.

Sie wissen, mein Herr, dass die Erde außer ihrer jährlichen Bewegung, die sie im Laufe eines Jahres von West nach Ost um die Sonne trägt, noch einen extra Wendekreis hat, der bis zu dieser jüngsten Zeit vollkommen unbekannt war. Seine Pole haben eine sehr langsame Rückwärtsbewegung von Ost nach West, die bewirkt, dass jeden Tag ihre Position nicht mehr genau denselben Punkten am Himmel entspricht. Diese Differenz, unmerklich in einem Jahr, wird mit der Zeit recht stark, und am Ende von 72 Jahren findet man eine Differenz von einem Grad, d. h. dem 360. Teil des ganzen Himmels. So entspricht nach 72 Jahren der Wendekreis der Frühlingsnachtgleichheit, die mit einem Fixstern auftrat, einem anderen Fixstern. Daher kommt es, dass sich die Sonne, statt da zu sein, wo zur Zeit des Hipparch der Widder stand, in Beziehung zu dem Teil befindet, wo damals der Stier war, und dass die Zwillinge an der damaligen Stelle des Stiers stehen. Alle Zeichen haben den Standort geändert; dabei behalten wir die alte Art bei, von ihnen zu sprechen; mit derselben Lässigkeit, mit der wir sagen, die Sonne drehe sich um die Erde, sagen wir, die Sonne sei im Frühling im Widder.

Hipparch war bei den Griechen der Erste, der Veränderungen in den Konstellationen mit Bezug auf die Äquinoktien[2] wahrnahm; oder vielmehr erfuhr er es von den Ägyptern. Die Philosophen schrieben diese Bewegung den Sternen zu; denn damals war man noch ziemlich weit davon entfernt, sich eine solche Wende der Erde vorzustellen. Man hielt sie für in jeder Beziehung starr. Sie erschufen also einen Himmel, an dem sie die Sterne befestigten, und verliehen diesem Himmel

---

2 Äquinoktien: Zeit der Tag-und-Nacht-Gleiche, etwa am 21.3. und 23.9.: Die Sonne geht um 6 Uhr auf, um 18 Uhr unter.

eine eigene Bewegung, die ihn gen Osten ziehen ließ, während alle Sterne ihre tägliche Route von Osten nach Westen zu machen schienen. Diesem Irrtum fügten sie noch einen zweiten, wohl wesentlicheren hinzu; sie glaubten, der angenommene Himmel der Fixsterne käme in hundert Jahren in Richtung Osten um ein Grad voran. Auf diese Art irrten sie in ihrer astronomischen Berechnung ebenso wie in ihrem physikalischen System. Ein Astronom würde damals z. B. gesagt haben: »Die Frühjahrsnachtgleichheit ist zur Zeit dieses oder jenes Beobachters in dem und dem Zeichen bei dem und dem Stern gewesen; sie hat von diesem Beobachter bis zu uns einen Weg von zwei Grad zurückgelegt; nun sind zwei Grad 200 Jahre; also lebte dieser Beobachter 200 Jahre vor mir.« Es steht fest, dass ein Astronom, der so gedacht hätte, sich um genau 54 Jahre verrechnet hätte. Darum legten die doppelt getäuschten Alten das große Weltjahr, d. h. eine Wende des ganzen Himmels auf ca. 36 000 Jahre an. Doch die Modernen wissen, dass diese imaginäre Wende des Sternenhimmels nichts anderes ist als die Wende der Erdpole, die sich in 25 900 Jahren vollzieht. Nebenbei bemerkt, hat Newton, als er die

Erdform bestimmte, die Ursache dieser Wende sehr schön erklärt.

Nachdem dies alles festgelegt ist, bleibt, um die Zeitrechnung zu fixieren, nachzusehen, bei welchem Stern der Wendekreis des Äquinoktiums heute die Sonnenbahn im Frühling schneidet, und herauszufinden, ob sich nicht irgendein Alter findet, der uns gesagt hat, an welcher Stelle die Sonnenbahn zu seiner Zeit vom Wendekreis des Äquinoktiums geschnitten worden ist.

Clemens Alexandrin berichtet, dass Chiron[3], der mit den Argonauten fuhr, die Gestirne zur Zeit dieser berühmten Expedition beobachtete und die Frühlingsnachtgleiche in der Mitte des Widders festlegte, und die des Herbstes in der Mitte der Waage, die Sonnenwende unseres Sommers mitten im Krebs und die des Winters mitten im Steinbock.

Lange Zeit nach der Argonautenfahrt und ein Jahr vor dem Peloponnesischen Krieg beobachtete Meton, dass der Moment der Sommersonnenwende im achten Grad des Krebses lag.

3 Chiron: In der griechischen Sage weiser Kentaur, Jäger und Arzt. Lehrer des Achill.

Jedes Zeichen des Zodiak[4] teilt sich auf in 30 Grade. Zu Chirons Zeit war die Sonnenwende auf der Hälfte des Zeichens, d.h. beim 15. Grad; ein Jahr vor dem Peloponnesischen Krieg auf dem achten: Sie war um sieben Grad zurückgefallen. Ein Grad entspricht 72 Jahren: Also sind es vom Beginn des Peloponnesischen Kriegs zur Argonautenfahrt bloß sieben mal 72 Jahre, was 504 Jahre macht und nicht 700, wie die Griechen sagten. Wenn wir so den heutigen Himmelsstand mit dem damaligen vergleichen, sehen wir, dass die Argonautenfahrt ca. 900 Jahre vor Jesus Christ angesiedelt werden muss und nicht annähernd 1400 Jahre; und folglich ist die Welt um 500 Jahre jünger, als man dachte. So sind uns alle Epochen näher gekommen, und alles fand später statt, als man meinte. Ich weiß nicht, ob dieses System großes Glück haben wird und ob man sich wird entschließen wollen, in diesem Sinne die Zeitrechnung der Welt zu ändern; vielleicht finden die Gelehrten, dass es zu viel des Guten wäre, ein und demselben Mann die Ehre zuzugestehen, gleichzeitig Physik, Geometrie und Geschichts-

4 Tierkreis.

schreibung vervollkommnet zu haben: Das wäre eine Art weltweite Alleinherrschaft, der sich die Eitelkeit schlecht anpasst. Auch bekämpften zur Zeit, als ihn sehr große Philosophen wegen der Anziehungskraft angriffen, andere sein Zeitsystem. Die Zeit, die zeigen müsste, wem der Sieg zusteht, wird den Streit vielleicht nur noch unentschiedener lassen.

Achtzehnter Brief
Von der Tragödie

Die Engländer hatten genauso wie die Spanier schon ein Theater, als die Franzosen erst Bretterbühnen hatten. Shakespeare, der als der Corneille der Engländer galt, war ungefähr zu Zeiten Lope de Vegas auf seinem Höhepunkt. Er schuf das Theater. Er hatte ein Genie voller Kraft und Fruchtbarkeit, Unverfälschtem und Erhabenem, nicht das geringste Fünkchen guten Geschmacks, noch die geringste Kenntnis der Regeln. Ich sage Ihnen etwas Gewagtes, aber Wahres: Das Talent dieses Autors hat das englische Theater verdorben; es gibt dort, verteilt auf monströse, Tragödie genannte Farcen, so schöne Szenen, so großartige und so schreckliche Abschnitte, dass diese Stücke immer mit Erfolg gespielt worden sind. Die Zeit, die allein den Ruhm der Menschen macht, verleiht ihren Mängeln am Ende Ansehen. Der Großteil der absonderlichen und riesenhaften Ideen dieses Autors hat im Lauf von 200 Jahren das Recht erworben, als großartig zu gelten; die modernen Autoren haben ihn fast alle nachgeahmt; was aber ankommt, wenn es von Shakespeare ist, wird bei ihnen ausgepfiffen, und Sie können sich darauf verlassen, dass die Verehrung dieses Alten im gleichen Maße zunimmt wie die Ablehnung der Neuen. Man kommt gar nicht auf den Gedanken, dass man ihn vielleicht nicht nachahmen sollte, und der geringe Erfolg seiner Nachmacher bewirkt nur, dass man ihn für unnachahmlich hält.

Sie wissen, dass in der Tragödie vom *Mohr von Venedig*[1], einem sehr ergreifenden Stück, ein Mann seine Frau auf der Bühne erwürgt, und während die arme Frau erwürgt wird, schreit sie, dass sie ganz zu Unrecht stirbt. Es ist Ihnen nicht unbekannt, dass im *Hamlet* die Totengräber ein Grab ausheben, wobei sie trinken, Gassenhauer singen und über die Totenschädel, auf die sie stoßen, Späße machen, die Leuten ihres

1   *Othello.*

Gewerbes entsprechen. Was Sie aber überraschen wird, ist, dass man diese Albernheiten unter der Herrschaft Charles' II. imitiert hat, die jene der höfischen Kultur war und die goldene Zeit der schönen Künste.

Otway lässt in seinem *Geretteten Venedig* den Senator Antonio und die Kurtisane Naki mitten in den Schrecken der Verschwörung des Marquis von Bedmar auftreten. Der alte Senator vollführt an seiner Kurtisane alle geschmacklosen Äffischkeiten eines impotenten Lustgreises; er macht Stier und Hund nach, beißt die Beine seiner Mätresse, die ihm Fußtritte und Peitschenschläge verabreicht. Man hat diese für den miesesten Pöbel gemachten Lächerlichkeiten aus Otways Stück entfernt; aber in Shakespeares *Julius Caesar* hat man die Späße der römischen Schuster und Flicker, die in der Szene mit Brutus und Cassius auftreten, gelassen. Weil nämlich der Blödsinn Otways modern und der von Shakespeare alt ist.

Sicherlich finden Sie es schade, dass die, die Ihnen bisher vom englischen Theater erzählt haben und vor allem vom berühmten Shakespeare, Ihnen bislang nur die Fehler gezeigt haben und dass niemand auch nur eine dieser starken Stellen übersetzt hat, die Nachsicht für alle seine Fehler fordern. Ich antworte Ihnen, dass es wohl einfach ist, über die Fehler eines Dichters in Prosa zu berichten, aber sehr schwierig, seine schönen Verse zu übersetzen. All die Schulstreber, die sich zu Kritikern berühmter Schriftsteller aufwerfen, füllen Bände; ich hätte lieber zwei Seiten, die uns einige Schönheiten kennenlernen ließen; denn ich werde mit den Leuten von Geschmack immer dabei bleiben, dass man von zwölf Versen Homers und Vergils mehr hat als von all den Kritiken, die über diese beiden großen Männer verfasst wurden.

Ich habe versucht, einige Teile der besten englischen Dichter zu übersetzen: hier eines von Shakespeare. Haben Sie Mitleid mit der Kopie zugunsten der Vorlage; und erinnern Sie sich stets, dass Sie, wenn Sie eine Übersetzung sehen, bloß den schwachen Abdruck eines schönen Bildes vor sich haben.

Ich habe den Monolog der Tragödie *Hamlet* ausgesucht, der aller Welt bekannt ist und der mit dem Vers beginnt: *To be or not to be, that is the question.*

To be, or not to be: that is the question:
Whether 'tis nobler in the mind to suffer
The slings and arrows of outrageous fortune,
Or to take arms against a sea of troubles,
And by opposing end them? To die: to sleep;
No more; and by a sleep to say we end
The heart-ache and the thousand natural
shocks
That flesh is heir to, 'tis a consummation
Devoutly to be wish'd. To die, to sleep;
To sleep: perchance to dream: ay, there's the
rub;
For in that sleep of death what dreams may
come
When we have shuffled off this mortal coil,
Must give us pause: there's the respect
That makes calamity of so long life;
For who would bear the whips and scorns of
time,
The oppressor's wrong, the proud man's
contumely,
The pangs of despised love, the law's delay,
The insolence of office and the spurns
That patient merit of the unworthy takes,
When he himself might his quietus make

With a bare bodkin? who would fardels bear,
To grunt and sweat under a weary life,
But that the dread of something after death,
The undiscover'd country from whose bourn
No traveller returns, puzzles the will
And makes us rather bear those ills we have
Than fly to others that we know not of?
Thus conscience does make cowards of us
all;
And thus the native hue of resolution
Is sicklied o'er with the pale cast of thought,
And enterprises of great pith and moment
With this regard their currents turn awry,
And lose the name of action.–

Es spricht Hamlet, Prinz von Dänemark:
Warte, es heißt wählen, und augenblicks
scheiden vom Leben zum Tod, vom Sein in das
Nichts.
Grausame Götter! Wenn es einen gibt, klärt
mir das Herz. Erklärt mir den Mut.
Muss ich altern, gebückt unter der Hand, die
mich unterdrückt,
ertragen oder enden mein Unglück und
Schicksal?

Wer bin ich? Wer hält mich? Und was ist der Tod?
Er bedeutet das Ende unserer Bibel, mein einzig Asyl;
Nach langen Wallungen ein ruhiger Schlaf;
man schläft ein, und alles stirbt. Aber ein schrecklich Erwachen
muss der Süße des Schlummers wohl folgen.
Man bedroht uns und sagt, dass dies kurze Leben
sogleich gefolgt werde von ewigen Qualen.
O Tod! fataler Moment! entsetzliche Ewigkeit!
Allein dein Name macht jedes Herz vor Entsetzen zu Eis.
Doch wer könnte ohne dich das Leben ertragen,
unserer verlogenen Priester Scheinheiligkeit loben,
einer würdelosen Herrin Verirrungen weihen,
unter einem Stellvertreter kriechen und seinen Hochmut bewundern
und die Mattheit der niedergeschlagenen Seele
sich abwendenden Freunden noch zeigen?
Der Tod wäre zu süß an diesen äußersten

Grenzen; aber das Gewissen hebt an und
schreit:
»Halt!«
Es verbietet unseren Händen diesen glücklichen Mord,
macht aus dem Kriegshelden den schüchternen
Christen
und so fort[2]

Glauben Sie nicht, ich hätte hier das Englische
wortwörtlich übertragen; wehe den Verfechtern
wortwörtlicher Übersetzungen, die dabei nur den
Sinn ersticken! Da kann man wohl sagen, dass der
Buchstabe tötet und der Geist belebt.

Hier noch eine Passage eines berühmten Tra-
gikers, Dryden, Dichter der Zeit Charles' II., ein
eher fruchtbarer als vernünftiger Autor, der ein
ungetrübtes Ansehen genösse, hätte er nur ein
Zehntel seiner Werke verfasst, und dessen Fehler
ist, dass er alles hat können wollen.

Dieser Abschnitt beginnt so[3]:

2 Voltaires eigenwillige französische Übersetzung des
   Englischen ins Deutsche übertragen.
3 John Dryden, *Aureng-Zebe. A Tragedy*, Act IV, v.
   33–44, London 1676 (Chicago and London 1967), S. 154.

When I consider life, t'is all a cheat.
Yet foole'd by hope men favour the deceit.

Wenn ich das Leben bedenke – 's ist alles
Betrug;
Doch die Menschen, von Hoffnung genarrt,
suchen Enttäuschung;
Vertraut nur weiter und glaubt, Morgen wird
Euch belohnen;
Morgen wird schlimmer als der vorige Tag.
Die Lügen falscher; und während es sagt, wir
werden gesegnet sein
Mit neuen Wonnen, schneidet es ab, was wir
noch hatten.
Verrücktes Gefeilsche! wollte doch niemand
vergangene Jahre erneut durchleben,
Doch bleibt Hoffnung nur in dem, was ge-
blieben;
Aus dem Schutt des Lebens zu erhalten,
Was der Anfang, kräftig noch, nicht erbracht
hat.
Ich bin es müde, auf Alchemisten-Gold zu
warten,
Das, jung, uns narrt und uns im Alter er-
schöpft.

Es ist in solchen einzelnen Abschnitten, dass die Engländer bis jetzt geglänzt haben; ihre Stücke, fast alle barbarisch, ohne allen Anstand, Ordnung, Wahrscheinlichkeit, eröffnen erstaunliche Lichtblicke inmitten tiefer Finsternis. Der Stil ist zu schwülstig, zu unnatürlich, zu sehr den orientalischen Schriftstellern nachgeahmt, die so voll des asiatischen Bombasts sind; man muss aber zugeben, dass die Stelzen des übertragenen Stils, auf die die englische Sprache geschraubt ist, auch den Witz recht hochheben, wenn auch in unregelmäßigem Schritt.

Der erste Engländer, der ein vernünftiges und von Anfang bis Ende mit Eleganz geschriebenes Stück verfasst hat, ist der berühmte Addison. Sein *Cato* ist ein Meisterwerk an Sprache und Schönheit der Verse. Die Rolle des Cato ist meines Erachtens weit über der der Cornélie in Corneilles *Pompée,* denn Cato ist groß ohne Bombast, und Cornélie, die übrigens keine notwendige Figur ist, hat es bisweilen mit dem Schwulst. Der Cato des Herrn Addison scheint mir die schönste Person zu sein, die es in irgendeinem Theaterstück gibt, aber die anderen Rollen des Stücks entsprechen dem nicht; und dieses so gut geschriebene Werk ist von einem kalten Liebeshandel entstellt, der dem Stück eine Langatmigkeit verleiht, die es tötet.

Die Sitte, um jeden Preis die Liebe in die dramatischen Werke einzuführen, hat sich gegen 1660 mit unseren Haarschleifen und Perücken von Paris nach London ausgebreitet. Die Frauen, die wie hier die Darbietungen schmücken, wollen es nicht mehr dulden, dass man noch über etwas anderes spricht als die Liebe. Der kluge Addison war so weich und gefällig, die Strenge seines Charakters vor dem Geschmack der Zeit zu beugen, und verdarb ein Meisterwerk, um zu gefallen.

Seit ihm sind die Stücke regelmäßiger geworden, das Publikum anspruchsvoller, die Autoren korrekter und weniger mutig. Ich habe sehr gescheite, aber kalte Stücke gesehen. Es scheint, dass die Engländer bisher nur dazu gemacht waren, unregelmäßige Schönheiten hervorzubringen. Die brillanten Ungetüme Shakespeares machen tausendmal mehr Spaß als die moderne Klugheit. Bis jetzt gleicht das poetische Genie der Engländer einem buschigen, von der Natur gepflanzten Baum, der gelegentlich tausend Äste auf einmal sprießen lässt und ungleichmäßig und kraftvoll wächst; er stirbt, wenn Sie seine Natur bezwingen und ihn zu einem Baum der Gärten von Marly-le-Roi[4] stutzen wollen.

4 Marly-le-Roi, Ende des 17. Jahrhunderts königliche Residenz Louis' XIV., der sich gelegentlich von Versailles aus dorthin zurückzog.

Neunzehnter Brief
Von der Komödie

Ich weiß nicht, wieso der kluge und scharfsinnige de Muralt, von dem wir die *Briefe über die Engländer und Franzosen* haben, sich darauf beschränkt hat, beim Besprechen der Komödie einen Lustspieldichter namens Shadwell zu kritisieren. Dieser Autor wird von seinen Zeitgenossen ziemlich wenig beachtet; er war keineswegs der Dichter der Leute von Welt; seine Stücke, an denen das Volk bei ein paar Aufführungen Gefallen fand, wurden von den Leuten von Geschmack geringgeschätzt und ähnelten so vielen Stücken, die ich in Frankreich die Masse anziehen und die Leser empören sah und von denen man hat sagen können:

Ganz Paris verurteilt sie, und ganz Paris läuft hin.

De Muralt hätte uns, wie es aussieht, von einem hervorragenden Autor berichten sollen, der damals lebte: Das war Wycherley, der lange Zeit der erklärte Günstling der bekanntesten Mätresse Charles' II. war. Dieser Mann, der sein Leben in den höchsten Kreisen verbrachte, kannte genau deren Laster und Lächerlichkeiten und malte sie in den kräftigsten und naturgetreuesten Farben.

Er hat einen *Menschenfeind* geschrieben, den er Molière nachgemacht hat. Bei Wycherley sind alle Züge stärker und gewagter als bei unserem Misanthropen; aber sie haben dementsprechend weniger Feinheit und Schicklichkeit. Der englische Autor hat den einzigen Fehler korrigiert, den es in Molières Stück gibt; das ist der Mangel an Intrige und Spannung. Das englische Stück ist spannend, und seine Intrige ist genial; sicherlich ist es zu gewagt für unsere Sitten. Es handelt von einem Schiffskapitän voll innerer Werte, Offenheit und Verachtung für die Menschheit; er hat einen klugen und zuverlässigen Freund, dem er nicht traut, und eine Freundin, die ihn zärtlich liebt und die er keines Blicks würdigt; dagegen hat er sein ganzes Vertrauen in einen falschen Freund gesetzt, der der unwürdigste Mensch ist, den es unter der Sonne geben kann, und sein Herz gehört der kokettesten und gemeinsten aller Frauen; es steht wohl fest, dass jene Frau eine Penelope ist und der verkannte Freund ein Cato. Er fährt in den Kampf gegen die Holländer und lässt all sein Geld, seine Edelsteine und was er alles hat, bei dieser guten Frau und empfiehlt diese Frau dem Freund, von dem er so viel hält. Derweil schifft sich der wirkliche Ehrenmann, dem er so sehr misstraut, mit ihm ein; und die Freundin, die er keines Blickes würdigt, verkleidet sich als Page und geht ebenfalls mit auf Fahrt, ohne dass der Kapitän sich während des Feldzugs über ihr Geschlecht klar wird.

Nachdem sein Schiff in einer Schlacht in die Luft geflogen ist, kehrt der Kapitän ohne Hilfe, Schiff und Geld mit seinem Pagen und seinem Freund nach London zurück, wobei er weder die Freundschaft des einen noch die Liebe des anderen erkennt. Er geht direkt zur Perle der Frauen und rechnet fest damit, sie mit ihrer Treue und seiner Kassette wiederzusehen: Er findet sie mit dem ehrenwerten Schurken verheiratet, dem er sie anvertraut hatte, und von seinem Guthaben blieb nur ein kleiner Rest. Unser Mann hat alle Mühe zu glauben, dass eine wohlanständige Frau derartige Sachen machen könnte; um ihn davon besser zu überzeugen, verliebt sich diese ehrenhafte Dame in den kleinen Pagen und will ihn im Sturm erobern. Da es aber sein muss, dass die Gerechtigkeit siegt und dass in einem Theaterstück das Böse bestraft und die Tugend belohnt wird, ergibt es sich zu guter Letzt, dass der Kapitän den Platz des Pagen einnimmt, mit der Untreuen schläft, seinen verräterischen Freund zum Hahnrei macht, ihm einen kräftigen Degenstoß durch den Leib verpasst, die Kassette zurücknimmt und seinen Pagen heiratet. Sie werden bemerken, dass das Stück noch angereichert ist mit einer Gräfin Pimbesche, einer uralten prozessverliebten Zänkerin, Verwandte des Kapitäns, die wohl das spaßigste Geschöpf und der beste Theatercharakter sein dürfte.

Wycherley hat noch ein Stück von Molière übernommen, das nicht minder einzig und gewagt ist: eine Art *Schule der Frauen*.

Die Hauptperson ist ein wohlhabender Schelm, der Schrecken der Londoner Ehemänner, der, um sicherzugehen, darauf kommt, das Gerücht in Umlauf zu bringen, dass die Chirurgen es bei seiner letzten Krankheit für angebracht gehalten hatten, ihn zum Eunuchen zu machen. Bei diesem guten Ruf vertrauen ihm alle Ehemänner ihre Frauen an, und der Arme ist nur noch um die Wahl verlegen; er bevorzugt vor allem eine Kleine vom Lande, die sehr unschuldig und temperamentvoll ist und die ihrem Mann mit einer Gutgläubigkeit die Hörner aufsetzt, die mehr Wert hat als das Raffinement der erfahrensten Damen. Wenn Sie wollen, ist dies nicht die Schule der guten Sitten, aber dafür eine des Witzes und der guten Komödie.

Ein Ritter Vanbrugh hat noch lustigere, aber weniger einfallsreiche Komödien geschrieben. Dieser Ritter war ein Mann des Vergnügens, darüber hinaus Dichter und Architekt; man behauptet, er habe geschrieben, wie er baute, nämlich ein bisschen grob. Er hat das berühmte Schloss von Blenheim gebaut, gewichtiges und dauerhaftes Denkmal unserer unseligen Schlacht bei Höchstädt[1]. Wenn die Zimmer bloß so groß wären wie

1 Bei Höchstädt an der Donau siegten im Spanischen Erbfolgekrieg (1701–1714) 1703 die Bayern und Fran-

die Mauern dick, dann wäre das Schloss schon ganz komfortabel.

In seine Grabinschrift setzte man, dass »man wünsche, die Erde werde ihm nicht leicht, nachdem er sie zu Lebzeiten so unmenschlich belastet hat«.

Als der Ritter vor dem Krieg von 1701 eine Tour durch Frankreich gemacht hatte, wurde er in die Bastille gesteckt und blieb dort einige Zeit, ohne jemals erfahren zu können, was ihm diese Auszeichnung seitens unserer Regierung eingebracht hatte. Er schrieb eine Komödie in der Bastille; und es findet sich darin – was mich sehr erstaunt hat – keine Spitze gegen das Land, in dem er dieser Gewalt ausgesetzt war.

Wer von allen Engländern den Ruhm des komischen Theaters am weitesten getragen hat, ist der verstorbene Herr Congreve. Er hat nur wenige Stücke geschrieben, aber alle sind hervorragend in ihrer Art. Die Regeln des Theaters sind hier streng beachtet; sie sind voll von mit

zosen über die preußischen und kaiserlichen Truppen, 1704 siegten Marlborough und Prinz Eugen über Franzosen und Bayern.

äußerster Feinheit abgestimmten Charakteren; man ist nicht dem mindesten schlechten Witz ausgesetzt; überall sehen Sie die Sprache der Edelleute in Verbindung mit Übeltätern: was beweist, dass er seine Welt gut kannte und dass er in – wie man das so nennt – guter Gesellschaft lebte. Er war gebrechlich und dem Sterben nah, als ich ihn kennenlernte; einen Fehler hatte er: Er schätzte sein erstes Handwerk, das Schreiben, nicht genug, das ihm Ansehen und Vermögen eingebracht hatte. Er äußerte sich mir gegen-über über seine Werke wie über eine unter seiner Würde stehende Kleinigkeit und sagte mir im ersten Gespräch, es nur vom Standpunkt eines Edelmannes zu sehen, der sehr regelmäßig gelebt hat; ich antwortete ihm, dass, wenn er das Pech gehabt hätte, bloß ein Edelmann unter anderen zu sein, ich nie gekommen wäre, ihn zu sehen, und war sehr erschrocken über diese so unange-brachte Selbstgefälligkeit.

Seine Stücke sind die geistreichsten und die präzisesten, die Vanbrughs die lustigsten und die Wycherleys die stärksten.

Festzustellen ist, dass keiner dieser schönen Geister schlecht von Molière gesprochen hat. Es gibt nur schlechte englische Autoren, die schlecht von diesem großen Mann gesprochen haben. Es sind die schlechten Musiker Italiens, die Lully missachten, ein Buononcini aber schätzt ihn und lässt ihm Gerechtigkeit widerfahren, genauso wie ein Mead einen Helvétius und einen Silva hochhält.

England hat noch weitere gute Komödiendichter, wie den Ritter Steele und Mister Cibber, ein hervorragender Schauspieler und außerdem Hofdichter, ein Titel, der etwas lächerlich klingt, aber nicht ausschließt, tausend Taler Rente und schöne Privilegien mit sich zu bringen. Unser Corneille hatte nicht so viel.

Bitten Sie mich nicht, am Ende noch ins kleinste Detail zu gehen bei diesen englischen Stücken, von denen ich ein so großer Anhänger bin, noch, dass ich Ihnen ein Bonmot oder einen Spaß der Wycherleys und Congreves wiedergebe. Man lacht nicht bei Übersetzungen. Wenn Sie die englische Komödie kennenlernen wollen, gibt es dafür kein anderes Mittel, als nach London zu gehen, da drei Jahre zu bleiben, gut Englisch zu lernen und täglich ins Theater zu gehen. Es macht mir keinen großen Spaß, Plautus und Aristophanes zu lesen: Warum? Weil ich weder Grieche noch Römer bin. Die Feinheit guter Sprüche, die Anspielungen und das, was momentan eine Pointe ist, all das entgeht einem Fremden.

Dem ist nicht so in der Tragödie; in ihr sind nur große Leidenschaften und heldenhafter Wahn gefragt, die ihre Weihen von alten Irrtümern in Fabel und Geschichte haben. An *Ödipus, Elektra* nehmen die Spanier, die Engländer und wir genauso Anteil wie die Griechen. Aber die gute Komödie ist das sprechende Abbild der Lächerlichkeiten eines Volkes, und wenn Sie ein Volk nicht von Grund auf kennen, können Sie das Abbild kaum beurteilen.

Zwanzigster Brief
Von den Herrschaften, die die Literatur pflegen

E s hat in Frankreich eine Zeit gegeben, als die Ersten des Staates die schönen Künste pflegten. Die Höflinge vor allem mischten sich ein, trotz ihrer Zerstreuungen, ihrem Gefallen an Nichtigkeiten, ihrer Leidenschaft für Intrigen und was sonst alles vergöttert wird.

Mir scheint, dass man im Moment bei Hof auf einen ganz anderen Geschmack gekommen ist als den der Literatur. Vielleicht kommt in Bälde wieder die Mode des Denkens auf: Es muss nur ein König wollen; man macht mit diesem Volk hier, was man will. In England denkt man, und Bildung steht in höheren Ehren als in Frankreich. Dieser Vorzug ist eine notwendige Folge ihrer Regierungsform. In London gibt es ungefähr 800 Personen, die öffentlich reden und die Interessen des Volks vertreten dürfen; an die fünf- oder sechstausend beanspruchen ihrerseits dieselbe Ehre; der gesamte Rest erhebt sich über sie als Richter, und jeder kann drucken lassen, was er über die öffentlichen Angelegenheiten denkt. So besteht für das ganze Volk ein Bedarf an Bildung. Man hört nur von den Regierungen in Athen und Rom sprechen; man muss schon, trotz allem, die Autoren lesen, die das behandelt haben; dieses Studium führt naturgemäß zum Lesen. Im Allgemeinen haben die Menschen den Verstand ihres Standes. Wieso haben unsere Richter, Rechtsanwälte, Ärzte und viele der Kleriker im Allgemeinen höhere Bildung, mehr Geschmack und mehr Verstand, als man in anderen Berufen findet? Weil Bildung zu ihrem Stand gehört, so wie zu dem eines Händlers die Kenntnis seiner Ware. Es ist noch gar nicht lange her, dass ein sehr junger Herr aus England mich auf dem Rückweg von Italien in Paris besuchen kam; er hatte in Versen eine Beschreibung dieses Landes verfasst, die genauso anständig geschrieben war wie alles, was der Graf von Rochester und unsere Chaulieu, Sarrazin und Chapelle gemacht haben.

Die Übersetzung, die ich davon angefertigt

habe, ist so weit davon entfernt, an die Kraft und den gesunden Witz der Vorlage heranzureichen, dass ich gezwungen bin, den Autor sowie die, die Englisch verstehen, ernsthaft um Nachsicht zu bitten; da ich aber kein anderes Mittel habe, die Verse des Lord …[1] bekannt zu machen, sage ich sie hier in meiner Sprache:

Was gab's in Italien zu meiner Zeit?
Hoffart, Arglist und Armut,
große Komplimente und wenig Güte,
und viel zu viel Zeremonie;
Die extravagante Komödie,
die die Inquisition[2] als
Glauben bezeichnen lässt,
die wir aber Irrsinn nennen.
Die Natur, vergebliche Wohltat,
will diese bezaubernden Orte bereichern;
doch der Priester verheerende Hand
erstickt ihre schönsten Gaben.
Die großspurigen Monsignori

---

1 Möglicherweise John Hervey.
2 Er meint sicherlich die Farcen, die gewisse Prediger auf öffentlichen Plätzen aufführen. (Anm. Voltaires)

sind einsam in ihren schönen Palästen,
illustre Tagediebe
ohne Geld und Domestiken.
Die Kleinen, unfreie
Märtyrer des herrschenden Jochs,
begehen ihre Armut mit Andacht,
sie beten zu Gott aus Langeweile
und fasten aus Mangel an Nahrung.
Diese schönen Orte sind vom Papst benedeit
und von Teufeln bewohnt,
und ihre elenden Einwohner
sind Verdammte im Paradies.

Vielleicht wird es heißen, dies seien die Verse eines Ketzers; aber man übersetzt täglich – und sogar reichlich schlecht – die des Horaz und des Juvenal, die das Pech hatten, Heiden zu sein. Sie wissen doch wohl, dass ein Übersetzer nicht auf die Meinungen seines Autors eingehen darf; alles was er tun kann, ist, Gott um seine Bekehrung zu bitten, und dies für die meines Lords zu tun, habe ich nicht unterlassen.

Einundzwanzigster Brief
Über den Grafen von Rochester und Herrn Waller

Alle Welt kennt den Ruf des Grafen von Rochester. Monsieur de Saint-Évremont hat viel von ihm gesprochen; aber er hat uns vom berühmten Rochester bloß den Mann des Vergnügens und den Wohlhabenden vorgestellt; ich würde gern den Mann von Geist und den Dichter in ihm bekannt machen. Neben anderen Werken, die von dieser feurigen Vorstellungskraft glänzen, die sich allein bei ihm findet, hat er eigene Satiren verfasst über dieselben Themen, die unser berühmter Despréaux[1] gewählt hat. Zur Vervollkommnung des Geschmacks kenne ich nichts

---

1 Despréaux = Boileau, vgl. Brief 13. Die *Satiren* erschienen 1666.

Nützlicheres als den Vergleich der großen Genies, die sich an derselben Materie versucht haben. Hier, wie Despréaux gegen die menschliche Vernunft spricht in seiner Satire auf den Menschen:

> Indessen ihn zu sehen voll nebligen Denkens,
> sich selber wiegend im eigenen Wähnen,
> er allein sei Grund und Stütze der Natur
> und der zehnte Himmel drehe allein sich um
> ihn.
> Hier ist er aller Tiere Meister;
> wer könnte verneinen, führst du an? Ich,
> vielleicht;
> der angebliche Herr, der ihnen die Gesetze
> gibt,
> dieser König der Tiere, wie viele Könige stehen
> ihm vor?

Und hier ungefähr, wie sich Graf Rochester ausdrückt in seiner Satire auf den Menschen[2]; aber die Leser müssen unbedingt beachten, dass es

---

2 John Wilmot Earl of Rochester, Satire gegen die Vernunft und den Menschen, aus *Der beschädigte Wüstling. Satiren, Lieder und Briefe*, herausgegeben und übersetzt von Christine Wunnicke, S. 147/149.

sich hier um freie Übersetzungen englischer Dichter handelt und dass die Last unserer Versbildung und die heiklen Regeln unserer Sprache kein Äquivalent der ungestümen Freiheit des englischen Stils zulassen:

Genau dies ist Vernunft, die ich verachte:
die Himmelsgabe, die die Mücke weiht
zum Ebenbilde der Unendlichkeit,
dass sie, indem ihr kurzes Leben weicht,
sich mit dem Ew'gen, ew'ger Gunst vergleicht.
Geschäftig wühlt Vernunft den Zweifel auf,
schafft erst Mysterien, dann kommt sie drauf,
und Narren, denkend und verbissen, lädt
sie in das Tollhaus Universität,
auf dessen Flügeln jeder schlichte Mann
zum Rand des Universums jagen kann.
Solch Zaubersalbe schmiert den Hexenbesen,
lehrt Krüppel fliegen, Leichen, die verwesen –
die hehre Macht Vernunft, sie ist geweiht
dem groben Unsinn, der Unmöglichkeit,
so dass ein wunderlicher Philosoph
statt in der Welt, in einem Fass hielt Hof:
Moderne Tölpel oft im Kloster ruhn
und denken, denn sie haben nichts zu tun.

Für Taten sind Gedanken unerlässlich,
wo Taten enden, sind Gedanken hässlich.

Seien diese Ideen echt oder falsch, sicher ist zumindest, dass sie mit der Energie zum Ausdruck gebracht werden, die einen Dichter erst ausmacht.

Ich werde mich hüten, die Sache philosophisch zu untersuchen, und hier den Pinsel mit dem Kompass vertauschen. Mein einziges Ziel in diesem Brief ist, die Begabung der englischen Dichter bekanntzumachen, und ich werde in dieser Art fortfahren.

Man hat in Frankreich viel reden hören vom berühmten Waller. Die Herren La Fontaine, Saint-Évremont und Bayle haben Lobreden auf ihn gehalten, aber man kennt von ihm bloß seinen Namen. In London hatte er ungefähr denselben Ruf wie Voiture in Paris, und ich glaube, dass er ihn eher verdient hat. Voiture kam zu einer Zeit, zu der man gerade die Barbarei hinter sich ließ und noch nicht wusste, wohin. Man wollte geistvoll sein und war es doch nicht. Anstelle von Gedanken suchte man Formulierungen: Falsche Brillanten sind schneller gefunden als Juwelen.

Voiture, frivolen und leichten Geistes, war der Erste, der bei diesem Anfang der französischen Literatur glänzte; wäre er nach den großen Männern gekommen, die das Jahrhundert Louis' XIV. berühmt gemacht haben, wäre er unbekannt geblieben, oder man hätte nur von ihm gesprochen, um ihn abzuwerten, oder er hätte seinen Stil geändert. Despréaux lobt ihn, jedoch nur in seinen ersten Satiren, zu einer Zeit also, da Despréaux' Geschmack noch nicht ausgebildet war: Er war jung und in einem Alter, in dem man Leute noch nach ihrem Ruf und nicht sie selbst beurteilt. Im Übrigen war Despréaux oft ganz ungerecht mit seinem Lob und mit seinen Zensuren. Er lobte Segrais, den niemand liest; er beschimpfte Quinault, den wir auswendig kennen; er sagte nichts von La Fontaine. Waller, besser als Voiture, war noch unvollkommen; seine galanten Werke atmen Anmut; Nachlässigkeit macht sie aber fad, und oft werden sie von falschen Gedanken entstellt. Zu seiner Zeit waren die Engländer noch nicht so weit, korrekt zu schreiben. Seine ernsthaften Arbeiten sind von einer Kraft, die man bei der Weichheit seiner anderen Stücke nicht erwartet hätte. Er hat einen Nachruf auf Cromwell verfasst, der mit all seinen Fehlern als Meisterwerk gilt. Zum richtigen Verständnis dieser Arbeit muss man wissen, dass Cromwell am Tag eines ungewöhnlichen Unwetters starb.

Das Stück beginnt so:

Wir müssen uns bescheiden, der Himmel
fordert seine große Seele ein
in Stürmen so laut ein unsterblicher Ruhm!
Sein Sterben stöhnt, sein letzter Hauch er-
schüttert die Insel,
und ungeschnittene Bäume fallen, ihn auf-
zubahren.
Um seinen Palast ragen weitum ihre Wurzeln
empor.
So ging auch Romulus verloren.
Das neue Rom verlor in solchem Sturm seinen
König
und kam vom Gehorsam zur Verehrung.
Auf Ötas Gipfel lag einst Herkules tot.
Mit zerrissenen Eichen und Pinien rings
umher,
und auch die Pappel, deren Zweig er zu tragen
gewohnt

auf seinem siegreichen Haupt, lag hingestreckt
da.

Waller meint diese Lobrede in seiner Antwort
an Charles II., die man im Wörterbuch Bayles
findet. Der König warf Waller vor, als der ihm
nach Brauch der Könige und Dichter ein mit Lob
gespicktes Stück vorlegte, es für Cromwell besser gemacht zu haben. Waller darauf: »Herr, uns
Dichtern gelingen die Geschichten besser als die
Wahrheit.« Diese Antwort war nicht so aufrichtig
wie die des holländischen Botschafters; der antwortete nämlich, als derselbe König sich beklagte,
man achte ihn weniger als Cromwell: »Ah! Herr,
dieser Cromwell war auch ganz was anderes.«
   Es ist nicht mein Ziel, den Charakter Wallers
oder irgendjemandes zu kommentieren; nach
ihrem Tod schätze ich Leute nur nach ihren Werken ein; der Rest ist für mich nicht existent; ich
stelle bloß fest, dass Waller, geboren am Hof, bei
60 000 Livres Rente nie den dummen Stolz noch
die Nachlässigkeit an den Tag legte, sein Talent
brachliegen zu lassen. Die Grafen von Dorset und
Roscommon, die beiden Herzöge von Buckingham, Lord Halifax und so viele andere glaubten

nicht, sich etwas zu vergeben, als sie große Dichter und berühmte Schriftsteller wurden. Ihre Werke machen ihnen mehr Ehre als ihre Namen. Sie pflegten die Literatur, als erwarteten sie von dort ihr Glück; sie haben darüber hinaus die Künste zu Ansehen gebracht beim Volk, das im Ganzen der Führung durch die Großen bedarf und das sich dennoch in England weniger nach ihnen richtet als an irgendeinem anderen Ort der Welt.

Zweiundzwanzigster Brief
Über Herrn Pope und ein paar andere bekannte Dichter

Ich wollte Ihnen von Herrn Prior erzählen, einem der schätzenswertesten Dichter Englands, den Sie 1712 in Paris als Bevollmächtigten und außerordentlichen Gesandten gesehen haben. Ich hatte auch vor, Ihnen eine Vorstellung zu vermitteln von den Dichtungen Lord Roscommons, Lord Dorsets usw., aber ich merke, dass ich dazu ein dickes Buch schreiben müsste und dass ich Ihnen nach allerhand Mühe bloß ein arg unvollständiges Bild von all diesen Werken vermitteln würde. Die Dichtung ist eine Art Musik: Man muss sie hören, um sie beurteilen zu können. Wenn ich Ihnen einige Abschnitte dieser fremdsprachigen Dichtungen übersetze, notiere ich Ihnen zwar ungenügend die dazugehörige Musik, aber das Wesen ihres Gesangs kann ich nicht ausdrücken.

Es gibt da vor allem ein englisches Gedicht, das ich Ihnen unbedingt bekannt machen möchte; es heißt *Hudibras*[1]. Das Thema ist der Bürgerkrieg und die ins Lachhafte gezogene Sekte der Puritaner. Es ist eine Verbindung von *Don Quijote*[2] mit unserer menippeischen Satire[3], und von allen Büchern, die ich jemals gelesen habe, ist es das, in dem ich den meisten Witz gefunden habe; aber im gleichen Maße ist es am wenigsten übersetzbar. Wer glaubte, ein Buch, das alle Lächerlichkeiten der Menschheit aufgreift und mehr Gedanken als Worte hat, könne keine Übersetzung vertragen? Es liegt daran, dass dort alles auf einzelne Ereignisse anspielt: Der meiste Spott trifft die Theologen, was nur wenige Leute von Welt verstehen; es bedürfte ständig eines Kommentars, und der erklärte Witz hört auf, Witz zu sein: Jeder Kommentator feiner Sprüche ist ein Dummkopf.

Daher auch wird man die Bücher des scharfsin-

1 Gegen die Puritaner gerichtetes komisches Epos von Samuel Butler.
2 Roman von Miguel de Cervantes.
3 Nach ihrem Begründer Menippos von Gadara.

nigen Doktor Swift, den man den Rabelais Englands nennt, in Frankreich nie so recht verstehen. Er hat das Verdienst, Priester zu sein wie Rabelais und sich über alles lustig zu machen wie dieser; aber man tut ihm meiner unmaßgeblichen Meinung nach großes Unrecht damit, ihn so zu nennen. Rabelais glänzt in seinem extravaganten und unverständlichen Buch[4] mit äußerster Fröhlichkeit und noch mehr Vorwitz; er hat mit Gelehrsamkeit, Unrat und Langeweile Verschwendung getrieben; eine gute Erzählung von zwei Seiten wird mit bändeweis Dummheiten bezahlt. Es gibt nur ein paar Leute mit sonderbarem Geschmack, die sich einbilden, das ganze Werk zu verstehen und zu schätzen; der Rest des Volks lacht über Rabelais' Späße und lässt sein Buch links liegen. Er gilt als der größte Possenreißer; man ärgert sich, dass ein Mann mit so viel Geist so schlechten Gebrauch davon gemacht hat; das ist ein trunkener Philosoph, der nur im Rausch geschrieben hat.

Mr. Swift ist Rabelais im guten Sinn und in guter Gesellschaft; er hat, was wahr ist, nicht die Fröhlichkeit des Ersteren, aber alle Freiheit, Ver-

4 *Gargantua und Pantagruel.*

nunft, Gewähltheit und guten Geschmack, die unserem Pfarrer aus Meudon fehlten. Seine Verse sind von einzigartigem Geschmack und fast unnachahmlich; der gute Witz hat in Vers und Prosa seinen Anteil; um ihn aber richtig zu verstehen, muss man eine kleine Reise in sein Land tun.

Sie können sich leichter einen Eindruck von Pope verschaffen; er ist, glaube ich, der eleganteste, korrekteste und was schon viel ist, der harmonischste Dichter, den England gehabt hat. Er hat die grellen Stöße der englischen Trompete zu weichen Flötentönen gewandelt; man kann ihn übersetzen, weil er äußerst klar ist und seine Themen zumeist allgemein sind und alle Völker betreffen.

In Frankreich wird man bald seinen Versuch über die Kritik kennenlernen in der Übersetzung in Versen des Abbé du Resnel.

Hier ein Abschnitt aus seinem Gedicht *Der Lockenraub*, das ich mit meiner üblichen Freiheit übersetzt habe[5]; denn, noch einmal, ich kenne

---

5   Zitiert nach Alexander Pope, *Der Lockenraub*, übersetzt von Rudolf Alexander Schröder, Insel Bücherei 879 (Ausgabe 1968).

nichts Schlimmeres, als einen Dichter Wort für
Wort zu übersetzen.

Denn damals … schwang *Umbriel*, ein traurig
finstrer Wicht,
Ein Geist, verhasst dem frohen Sonnenlicht,
Sich in der Erde dunkle Tiefen hin
Und klopfte an im Haus der Göttin *Spleen*.

Auf schwarzen Flügeln schwebt der Gnome
fort,
in Dunst verhüllt, und ist gar bald am Ort.
Kein sanfter Wind erquickt dies tote Land,
Der raue *Ost* ist hier allein bekannt.
In einer Grotte, vor der Luft geschützt,
in die kein Strahl verhassten Tages blitzt,
liegt seufzend sie auf grüblerischem Bett;
Migräne wacht an ihrer Lagerstätt.

Zwei Jungfern stehn am Throne: gleich an
Rang,
Doch nicht an Aussehen, Miene, Haltung,
Gang.
Misswollen dort, ein altes *Mädchen* stand,
Verknöchert, streng, im grauen Bußgewand.

Gar manch Traktat, Gesangbuch und Gebet
Birgt ihre Hand, ihr Busen manch Pamphlet.

Mit kränkelnd süßer Mien *Affektation*
Heuchelt noch Rosen, die mir längst entflohn.
Sie lispelt zart, sie hängt den Kopf zur Seit
Und seufzt in hoheitsvoller Mattigkeit.
In einem vorteilhaften Negligé
Sinkt sie mit Anstand auf ein Kanapee.
Solch Kranksein wirkt sehr hübsch von Zeit
zu Zeit,
Zumal in einem neuen Morgenkleid.

Wenn Sie diesen Abschnitt im Original läsen,
statt in dieser schwachen Übersetzung, würden
Sie es mit der Beschreibung der Weichlichkeit in
Das Chorpult[6] vergleichen.

Das war's also ganz aufrichtig über die englischen Dichter. Ich habe ein paar Worte über die
Philosophen verloren. Was die guten Geschichtsschreiber angeht: Ich kenne sie noch nicht; es
musste ein Franzose ihre Geschichte schreiben[7].

6   Von Despréaux.
7   Paul de Rapin-Thoyras.

Vielleicht hat sich der englische Geist, der entweder kalt oder ungestüm ist, noch nicht die naive Beredsamkeit und feine und einfache Art der Geschichtsschreibung zu eigen gemacht; vielleicht hat auch die Parteilichkeit, die den Blick trübt, alle ihre Chronisten unglaubwürdig gemacht: Die eine Hälfte des Volkes ist stets Feind der anderen. Ich habe Leute getroffen, die mir versicherten, Lord Marlborough sei ein Feigling und Pope ein Dummkopf, wie in Frankreich einige Jesuiten Pascal für eine kleine Leuchte halten, und einige Jansenisten sagen, Pater Bourdaloue sei bloß ein Schwätzer gewesen. Maria Stuart ist eine heilige Heldin für die Anhänger Jacobs, für die anderen ist sie eine Schlampe, Ehebrecherin und Mörderin: So hat man in England Chroniken und kein Geschichtsbuch. Es gibt allerdings zur Zeit einen Herrn Gordon, ein hervorragender Übersetzer des Tacitus und fähig, die Geschichte seines Landes zu schreiben, doch ist ihm Rapin de Thoyras zuvorgekommen. Kurz, es scheint mir, dass die Engländer keine so guten Historiker haben wie wir, dass es von ihnen keine richtige Tragödie gibt, dafür aber charmante Komödien, bewundernswerte Passagen in der Poesie und

Philosophen, die die Erzieher der Menschheit sein sollten.

Die Engländer haben viel Nutzen gezogen aus den Werken unserer Sprache; wir sollten unsererseits von ihnen nehmen, nachdem wir ihnen gegeben haben; wir, die Engländer und wir, sind erst nach den Italienern gekommen, die in allem unsere Meister waren und die wir in mancherlei überflügelt haben. Ich weiß nicht, welchem der drei Völker man den Vorzug geben soll; glücklich aber der, der ein Gespür hat für ihre unterschiedlichen Verdienste!

Dreiundzwanzigster Brief
Von der Achtung,
die wir den Schriftstellern schulden

Weder in England noch sonstwo auf der Welt findet man so wie in Frankreich Stiftungen zugunsten der schönen Künste. Fast überall gibt es Universitäten; aber allein in Frankreich findet man diese zweckmäßige Förderung der Astronomie, aller Gebiete der Mathematik, der Medizin, der Altertumsforschung; Louis XIV. hat mit all diesen Gründungen sein Andenken verewigt, und diese Unsterblichkeit hat ihn nicht einmal 200 000 Franc[1] im Jahr gekostet.

Ich gebe zu, es erstaunt mich, dass das englische Parlament, das es sich hat einfallen lassen,

---

1   vgl. Anm. 10 S. 74

demjenigen 20 000 Guineen[2] zu versprechen, der die unmögliche Entdeckung der Längengrade mache, nie daran gedacht hat, Louis XIV. in seiner Großzügigkeit bei den Künsten nachzueifern.

Tatsächlich findet der Verdienst in England einen anderen, dem Land ehrenvolleren Lohn. So bewirkt der Respekt des Volks vor den Begabten, dass ein verdienstvoller Mann dort immer zu Wohlstand gelangt. Mr. Addison hätte in Frankreich einer Akademie angehört und hätte mit Hilfe einer Frau eine Rente von 1200 Livres erhalten können, oder man hätte ihm Schwierigkeiten gemacht unter dem Vorwand, in seiner Tragödie *Cato* seien spitze Bemerkungen über den Portier eines Anwesenden zu finden; in England war er Staatssekretär. Mr. Newton war Verwalter des Münzamts, Mr. Congreve hatte ein wichtiges Amt, Mr. Prior war Gesandter. Doktor Swift ist Dekan von Irland und hat dort viel größeres Ansehen als der Primas von Irland. Wenn Popes Glaubensbekenntnis ihm nicht erlaubt, ein Amt innezuhaben, so verhindert es

2   Guinea, englisches Goldstück (heutiger Wert ca. 1 Britisches Pfund)

doch nicht, dass ihm seine Homer-Übersetzung 200 000 Franc eingebracht hat. Ich habe den Autor von *Rhadamiste*[3] lange Zeit nahe am Verhungern gesehen, und der Sohn eines der größten Männer, die Frankreich je hatte und der in die Fußstapfen seines Vaters[4] zu treten begann, wäre ohne Fagon ins Elend gesunken. Was die Künste in England am meisten bestärkt, ist das Ansehen, in dem sie stehen: Das Bild des Premierministers hängt über dem Kamin seines eigenen Arbeitszimmers, aber das von Pope habe ich in zwanzig Häusern gesehen.

Newton wurde zu Lebzeiten geehrt, und er war es nach seinem Tod, wie es sein sollte. Die Ersten des Landes haben sich um die Ehre gestritten, in seinem Leichenzug das Bahrtuch zu tragen. Sehen Sie sich Westminster an. Man bewundert dort nicht die Gräber der Könige, sondern die Denkmale, die die Nation den Größten, die zu ihrem Ruhm beigetragen haben, in Anerkennung errichtet hat. Sie sehen dort ihre Statuen, wie man in Athen die von Sophokles und Plato sah; ich bin

3   Crébillon.
4   Louis Racine.

überzeugt, dass allein der Anblick jener ruhmreichen Denkmale mehr als einen Geist erweckt und mehr als einen großen Mann bestärkt hat.

Man hat den Engländern sogar vorgeworfen, zu weit gegangen zu sein mit den Ehren, die sie einfachem Verdienst zukommen lassen; man hatte etwas daran auszusetzen, dass sie die berühmte Schauspielerin Oldfield mit fast denselben Ehren in Westminster beigesetzt haben, wie sie Newton zugekommen waren. Manche haben behauptet, sie hätten das Andenken dieser Schauspielerin absichtlich so geehrt, um uns umso mehr das barbarische und feige Unrecht spüren zu lassen, den Leichnam der Lecouvreur auf den Schindanger geworfen zu haben, was sie uns vorwerfen.

Aber ich kann versichern, dass sich die Engländer bei der Beisetzung der Mademoiselle Oldfield in ihrem Saint-Denis[5] an nichts als ihren Geschmack gehalten haben; sie sind weit entfernt, der Kunst Sophokles' und Euripides' Ehrlosig-

---

[5] Die Kathedrale von Saint-Denis, nördlich von Paris, ein frühes Beispiel der Gotik, diente seit 564 n. Chr. den fränkischen und französischen Königen als Grablege. Bis 1830 wurden fast alle französischen Könige und viele Königinnen hier beigesetzt.

keit nachzusagen und aus ihrer Bürgerschaft jene auszustoßen, die sich dem Vortrag jener Werke gewidmet haben, derer ihr Volk sich rühmt.

Zur Zeit Charles' 1. und zu Beginn dieser von fanatischen Sittenwächtern begonnenen Bürgerkriege, die am Ende selbst die Opfer waren, schrieb man viel gegen die Schauspielerei, umso mehr, weil Charles 1. und seine Frau, Tochter unseres Heinrich des Großen, sie außerordentlich schätzten. Ein Doktor namens Prynne, über alle Maßen kleinlich, der sich mit einem kurzen Mantel anstelle der Soutane wie ein Verdammter gefühlt hätte und der gewollt hätte, dass die Hälfte der Menschheit die andere massakriert zum Lob Gottes und für die *propaganda fide*[6], hat ein sehr schlechtes Buch gegen recht gute Komödien ausgeheckt, wie man sie alle Tage sehr harmlos vor König und Königin spielte. Er führte die Autorität der Rabbiner ins Feld und zitierte ein paar Passagen des heiligen Bonaventura, um zu bewei-

6 Congregatio de propaganda fide: 1622 in Rom von Papst Gregor xv. gegründete Gesellschaft zur Verbreitung des Katholizismus und zur Ausrottung der Ketzerei. Oberste Behörde für Angelegenheiten von Mission, Häretikern und Schismatikern.

sen, dass der *Oedipus* des Sophokles ein Machwerk des Bösen sei und dass Terenz *ipso facto* exkommuniziert sei; und er fügte hinzu, dass Brutus, der ein sehr strenger Jansenist gewesen sei, Cäsar bestimmt nur deshalb ermordet habe, weil dieser als Hohepriester eine Tragödie *Oedipus* verfasst habe; schließlich sagte er, alle, die einem Schauspiel beiwohnten, seien Gebannte, die Salbung und Taufe leugneten. Das war eine Beleidigung des Königs und der königlichen Familie. Die Engländer achteten damals Charles 1.; sie wollten nicht dulden, dass man davon sprach, eben jenen Fürst zu bannen, den sie inzwischen haben köpfen lassen. Prynne wurde vor die Star Chamber[7] zitiert und verurteilt, sein sauberes Buch vom Henker verbrannt zu sehen und die Ohren abgeschnitten zu bekommen. Sein Prozess lässt sich den amtlichen Protokollen entnehmen.

Man hütet sich in Italien sehr wohl, die Oper zu verurteilen und Signor Senesino oder Signora

7 Star Chamber: Hoher Gerichtshof in England, der sich in einem Raum versammelte, dessen Decke und Wände mit Sternen verziert waren. 1641 vom Parlament abgeschafft.

Cuzzoni zu exkommunizieren. Was mich betrifft, so wage ich den Wunsch zu hegen, man könnte in Frankreich ich weiß nicht welche schlechten Bücher verbieten, die gegen unsere Schauspiele geschrieben wurden; denn wenn die Italiener und Engländer erfahren, dass wir auf die gemeinste Art eine Kunst verurteilen, in der wir glänzen, dass man ein bei Klosterbrüdern und in Stiften gespieltes Stück als gottlos verdammt, dass man Spiele schmäht, in denen Louis XIV. und Louis XV. Darsteller waren, dass man Stücke als Dämonenwerk bezeichnet, die von den strengsten Justizbeamten überprüft und vor einer tugendhaften Königin gespielt wurden; wenn, sage ich, Fremde von solcher Verstocktheit erfahren, diesem Mangel an Respekt vor der königlichen Autorität, dieser gotischen Barbarei, die man christliche Strenge zu nennen wagt, was wollen Sie, dass die von unserem Land denken? Und wie können sie es fassen, dass unsere Gesetze eine für so lästerlich erklärte Kunst zulassen oder dass man eine Kunst solcher Niedertracht zu zeihen wagt, die gesetzlich erlaubt ist, von den Landesvätern belohnt, von den Großen gepflegt und vom Volk geliebt wird, und dass man bei demselben Buchhändler das Wortgepränge des Pater Lebrun gegen die Schauspielerei findet und daneben die unsterblichen Werke von Racine, Corneille, Molière etc.?

Vierundzwanzigster Brief
Von den Akademien

Die Engländer haben schon lange vor uns eine Akademie der Wissenschaften gehabt; aber sie ist nicht so wohlgeordnet wie unsere, und das vielleicht nur, weil sie älter ist; denn wenn man sie nach dem Vorbild der Pariser Akademie ausgerichtet hätte, würde sie einige kluge Richtlinien übernommen und die anderen vervollkommnet haben.

Der Royal Society in London fehlen zwei der den Menschen wichtigsten Dinge: Vergütungen und Vorschriften. In Paris ist für einen Geometer oder Chemiker solch ein Platz in der Akademie ein gesichertes kleines Vermögen; in London dagegen kostet es etwas, der Königlichen Gesellschaft anzugehören. Wer auch immer in England sagt: »Ich liebe die Künste«, und dazugehören will, ist sofort drin. In Frankreich aber reicht es nicht, Liebhaber zu sein, um Mitglied oder Pensionär der Akademie zu werden; man muss gebildet sein und Konkurrenten den Platz streitig machen, die umso fürchtenswerter sind, als sie angetrieben sind von der Aussicht auf Ruhm, vom Eigennutz, sogar von der Herausforderung selbst und von jener geistigen Beharrlichkeit, die das ausdauernde Studium der rechnenden Wissenschaften im Allgemeinen mit sich bringt.

Die Akademie der Wissenschaften beschränkt sich weise auf die Erforschung der Natur, und das ist in der Tat ein so weites Feld, dass dort fünfzig oder sechzig Personen beschäftigt sein können. Die in London vermischt unterschiedslos Literatur und Physik. Ich finde es besser, für die Geisteswissenschaften eine eigene Akademie zu haben, damit nichts vermischt wird und man nicht eine Arbeit über römische Frisuren neben einem Hundert neuer Kurven sieht.

Da es in der Society in London wenig Ordnung und keinen Ansporn gibt und jene in Paris einen ganz entgegengesetzten Weg beschreitet, ist es nicht verwunderlich, dass die Memoranden unserer Akademie denen der anderen überlegen sind: Wohldisziplinierte und gutbezahlte Soldaten siegen auf die Dauer über Freiwillige. Es ist wahr, die Royal Society hatte einen Newton, sie hat ihn aber nicht hervorgebracht; sogar unter seinen Kollegen gab es nur wenige, die ihn verstanden hätten; ein Genie wie Newton gehörte in alle Akademien Europas, weil sie alle viel von ihm zu lernen hätten.

Der berühmte Doktor Swift entwickelte während der letzten Jahre unter Königin Anne das Projekt, eine Akademie für die Sprache einzurichten nach dem Vorbild der Académie Française. Dies Projekt wurde vom Grafen von Oxford, dem großen Schatzmeister, unterstützt, noch mehr von Lord Bolingbroke, Staatssekretär, der die Gabe hatte, im Parlament aus dem Stegreif so klar zu sprechen, wie Swift in seinem Arbeitszimmer schrieb, und der Förderer und Schmuck der Akademie gewesen wäre. Die Mitglieder, aus denen sie sich zusammensetzen sollte, waren Männer, deren Werke so lange Gültigkeit haben werden wie die englische Sprache: Es waren Doktor Swift, Mr. Prior, den wir als Staatsminister gesehen haben und der in England denselben Ruf hat wie La Fontaine bei uns; Mr. Pope, der Boileau

Englands, Mr. Congreve, den man dessen Molière nennen kann, und mehrere andere, deren Namen mir gerade entfallen sind, hätten diese Gemeinschaft bei ihrer Geburt aufblühen lassen. Doch starb die Königin plötzlich; die Whigs setzten es sich in den Kopf, die Befürworter der Akademie zu ignorieren, was, wie Sie zu Recht vermuten, für die Geisteswissenschaften tödlich war. Die Mitglieder dieser Körperschaft hätten den Ersten der Académie Française einen großen Vorteil vorausgehabt, denn Swift, Prior, Congreve, Dryden, Pope, Addison etc. haben die englische Sprache mit ihren Schriften festgelegt, während Chapelain, Colletet, Cassagne, Faret, Perrin, Cotin, Ihre ersten Akademiker, Schandfleck Ihres Volkes waren und ihre Namen so lächerlich geworden sind, dass, wenn ein passabler Autor das Pech hätte, Chapelain oder Cotin zu heißen, er genötigt wäre, seinen Namen zu ändern. Vor allem hätte sich die englische Akademie für völlig andere Aufgaben entschieden als die unsere. Eines Tages fragte mich ein Schöngeist dieses Landes nach den Denkschriften der Académie Française. »Es gibt dort gar keine Denkschriften«, antwortete ich ihm, »sie hat siebzig oder achtzig Bände Komplimente drucken lassen.« Er sah ein oder zwei davon durch; er konnte diesen Stil überhaupt nicht verstehen, obwohl er unsere guten Autoren sehr genau verstand. »Alles, was ich diesen schönen Reden entnehme«, sagte er mir, »ist, dass, nachdem der Aufgenommene versichert hat, dass sein Vorgänger ein großer Mann war, dass Kardinal Richelieu ein sehr großer Mann war, der Kanzler Séguier ein ziemlich großer Mann war und Louis XIV. ein mehr als großer Mann war, der Direktor ihm dasselbe antwortet und hinzufügt, der Aufgenommene könnte ebenso gut eine Art großer Mann sein und dass er, der Direktor, seinen Anteil daran nicht vergesse.«

Es ist leicht zu sehen, mit welcher Unausweichlichkeit fast alle diese Reden jener Körperschaft so wenig Ehre gemacht haben: *»vitium est temporis potius quam hominis«*.[1] Es ist nach und nach Brauch geworden, dass jeder Akademiker diese Elogen bei seiner Aufnahme wiederholt: Es war eine Art Gesetz, die Öffentlichkeit zu langweilen. Wenn man dann herauszufinden versucht, warum

---

1 Die Schuld daran liegt eher bei der Zeit denn bei den Menschen.

die größten Geister, die in diese Gesellschaft ein-
getreten sind, zum Teil die schlimmsten Reden
gehalten haben, ist der Grund ganz einfach; sie
haben brillieren und eine völlig abgenutzte Materie neu vorstellen wollen: Die Notwendigkeit zu
reden, die Verlegenheit, nichts zu sagen zu haben,
und das Verlangen, geistreich zu sein, sind drei
Dinge, die selbst den größten Mann lächerlich
machen können; weil sie keinen neuen Gedanken
finden konnten, haben sie neue Formeln gesucht
und ohne zu denken gesprochen wie Leute, die
leer kauen und so tun, als äßen sie, während sie
vor Hunger sterben.

Statt des Gesetzes in der Académie Française,
all diese Reden, durch die allein sie bekannt ist,
drucken zu lassen, sollte es Gesetz sein, sie nicht
zu drucken.

Die Académie des Belles-Lettres hat sich ein
klügeres und nützlicheres Ziel gesetzt, nämlich
dem Publikum eine Sammlung von mit Forschungen und interessanten Kritiken gefüllten
Denkschriften vorzulegen. Diese Denkschriften
werden bereits bei den Ausländern geschätzt;
man wünschte bloß, dass einige Gebiete noch
vertieft würden und andere nicht behandelt wä-

ren. Man hätte sich z.B. einen Aufsatz über die Vorzüge der rechten Hand gegenüber der linken und einige andere Artikel gut sparen können, die unter einem weniger lächerlichen Titel doch nicht weniger oberflächlich sind.

Die Akademie der Wissenschaften umfasst mit ihren schwierigeren Forschungen und ihrer spürbareren Zweckmäßigkeit die Erkenntnis der Natur und die Vervollkommnung der Handwerkskünste. Es ist zu erwarten, dass so tiefgehende und anhaltende Studien, so genaue Berechnungen, so feinsinnige Entdeckungen und so große Einsichten schließlich etwas hervorbringen werden, das zum Guten der Welt dient.

Bisher wurden – wie wir gemeinsam festgestellt haben – in den barbarischen Jahrhunderten die nützlichsten Entdeckungen gemacht; anscheinend besteht der Beitrag der aufgeklärtesten Zeiten und der gebildetsten Gesellschaften darin, Überlegungen zu den Erfindungen der Unwissenden anzustellen. Man kennt heute, nach langen Streitgesprächen zwischen Huygens und Renau, den günstigsten Winkel zwischen Bootsruder und Kiel; Christoph Kolumbus aber hat Amerika entdeckt, ohne etwas von diesem Winkel zu ahnen. Ich bin weit davon entfernt, daraus zu folgern, dass man sich bloß an die blinde Praxis halten soll; aber es wäre geschickter, wenn die Physiker und Geometer, soweit es möglich ist, die Praxis mit der Theorie verbänden. Muss es denn unbedingt sein, dass das, was dem menschlichen Verstand die höchste Ehre macht, häufig das Nutzloseste ist? Ein Mann wird mit den vier Grundrechenarten und gesundem Verstand ein großer Händler, ein Jacques Cœur, ein Delmé, ein Bernard, während ein armer Algebraiker sein Leben damit zubringt, Beziehungen zwischen den Zahlen und erstaunliche, aber unnütze Eigenschaften herauszufinden, die ihm nicht erklären, was ein Wechsel ist. Alle Künste sind ungefähr in der gleichen Lage; von einem gewissen Punkt an sind die Forschungen nur noch etwas für die Neugierde: Diese scharfsinnigen und nutzlosen Erkenntnisse ähneln Sternen, die uns, weil sie zu weit weg sind, kein Licht geben.

Welchen Dienst erwiese nicht die Académie Française den Geisteswissenschaften, der Sprache und dem Volk, ließe sie, statt alle Jahre Komplimente drucken zu lassen, die guten Werke des Jahrhunderts Louis' XIV. drucken, gereinigt von allen Ausdrucksfehlern, die sich dort eingeschlichen haben? Corneille und Molière sind voll davon, bei La Fontaine wimmelt es; die man nicht verbessern kann, würden zumindest gekennzeichnet. Europa, das diese Autoren liest, würde mit ihnen zuverlässig unsere Sprache erlernen; ihre Reinheit würde für immer fixiert; die guten Bücher, mit solcher Pflege auf Kosten des Königs gedruckt, würden eines der ruhmreichsten Denkmäler der Nation sein. Ich habe sagen hören, dass Despréaux diesen Vorschlag schon früher gemacht hat und dass er erneuert worden ist von einem Mann[2], dessen Verstand, Klugheit und gesunde Kritik bekannt sind; aber diese Idee teilte das Schicksal vieler anderer nützlicher Projekte, nämlich begrüßt und vergessen zu werden.

2   Er meint Abbé de Rothelin.

Fünfundzwanzigster Brief
Über die *Gedanken* des Herrn Pascal

Ich schicke Ihnen die kritischen Anmerkungen, die ich über die *Gedanken* von Pascal verfasst habe. Vergleichen Sie mich bitte nicht mit Ezechias, der alle Bücher Salomos verbrennen lassen wollte. Ich achte das Genie und die Wortgewandtheit Pascals; doch je mehr ich sie achte, desto überzeugter bin ich, dass er selbst viele dieser Gedanken, die er wohl aufs Geratewohl zu Papier gebracht hat, um sie dann zu untersuchen, umgeschrieben hätte: Es ist in Bewunderung seines Genies, dass ich einigen seiner Ideen widerspreche.

Mir kommt es vor, als habe Pascal diese *Pensées* insgesamt in der Absicht geschrieben, den Menschen in schlechtestem Licht darzustellen. Er bemüht sich erbittert, uns alle böse und unglücklich zu zeigen. Er schreibt gegen die menschliche Natur fast so, wie er gegen die Jesuiten geschrieben hat. Er unterstellt unserem ursprünglichen Wesen, was nur bestimmten Menschen zu eigen ist. Er beleidigt beredt die Menschheit. Ich wage, die Partei der Menschheit zu ergreifen gegen diesen großen Misanthropen; ich wage zu behaupten, dass wir weder so böse noch so unglücklich sind, wie er sagt. Wäre er in dem Buch, das ihm vorschwebte, der Absicht gefolgt, die in den *Pensées* zutage tritt, dann hätte er, bin ich sehr überzeugt, ein Buch voll wohlformulierter Trugschlüsse und bewundernswert hergeleiteter Fehler verfasst. Ich glaube sogar, dass all die Bücher, die in der letzten Zeit geschrieben wurden, um den christlichen Glauben zu begründen, eher dazu angetan sind, Anstoß zu erregen, als zu erbauen. Meinen diese Autoren denn, über mehr davon zu verfügen als Jesus Christus und die Apostel? Das hieße, eine Eiche mit Röhricht stützen; man kann das unnütze Röhricht fortlassen, ohne alle Furcht, dem Baum zu schaden.

Ich habe mit Bedacht ein paar Gedanken Pascals herausgesucht; ich setze die Antworten darunter. Es liegt bei Ihnen zu beurteilen, ob ich unrecht habe oder recht.

I »*Größe und Elend des Menschen sind so offen-
bar, dass der wahre Glaube uns zwingend lehren
muss, dass es in ihm ein wichtiges Prinzip von
Größe gibt und gleichzeitig eines von Elend.
Denn der wahre Glaube muss unsere Natur von
Grund auf kennen. Das heißt, dass er alles kennt,
was sie an Großem und an Elend enthält und den
Sinn des einen wie des anderen. Dazu muss er uns
Rechenschaft ablegen über die Gegensätze, die da
zusammenfinden.*« (430)

Diese Art zu überlegen scheint mir falsch und
gefährlich: Denn die Geschichte von Prome-
theus und Pandora, die Mannweiber Platos und
die Lehren der Siamesen würden diesen augen-
scheinlichen Gegensätzen ebenso gut Rechnung
tragen. Der christliche Glaube wäre darum nicht
weniger wahr, wenn man nicht diese scharfsinnigen Schlüsse daraus zöge, die zu nichts
dienlich sein können, als den Geist glänzen zu
lassen.

Das Christentum lehrt Schlichtheit, Mensch-
lichkeit, Nächstenliebe; es zur Metaphysik ver-
mindern zu wollen, heißt, eine Fehlerquelle daraus machen.

11 »*Daran*[1] *prüfe man die Religionen der Welt und schaue dann, ob es eine andere außer der christlichen gibt, die dem Genüge tut. Wird es diejenige sein, die die Philosophen lehren, welche uns als eigentliches Gut das Gute nahelegen, das in uns selber ist? Ist das das wahre Gut? Haben sie das Heilmittel für unsere Übel gefunden? Heißt es, die Überheblichkeit des Menschen geheilt zu haben, indem man ihn Gott gleichgestellt hat? Und die, die uns den Tieren gleichgestellt haben und uns die irdischen Freuden als eigentliches Gut gegeben haben, haben die das Heilmittel für unsere Triebhaftigkeit herbeigebracht?*« (430)

Die Philosophen haben überhaupt keinen Glauben gelehrt; es gilt nicht, ihre Philosophie zu bekämpfen. Nie hat sich ein Philosoph als von Gott erleuchtet bezeichnet, denn von da an wäre er nicht mehr Philosoph gewesen, sondern Prophet. Es geht nicht darum, ob Jesus Christ Aristoteles den Rang ablaufen soll; es geht darum zu beweisen, dass der Glaube Jesu Christi der wahre

---

1   Pascal hat in den vorhergegangenen Sätzen eine Reihe Qualitäten der »wahren Religion« aufgezählt (Anm. d. Übers.).

ist und der Mohammeds, der der Helden und aller anderen falsch.

III *Und dabei sind wir uns selbst unverständlich ohne dieses Mysterium, das das allerunverständlichste von allen ist. Der Knoten unseres Wesens hat seine Windungen und Drehungen im Abgrund der Erbsünde dergestalt, dass der Mensch ohne dieses Mysterium unfasslicher ist als dieses Mysterium dem Menschen unfasslich.«* (434)

Ist es klug zu sagen: »Der Mensch ist unfasslich ohne dieses unfassliche Mysterium?« Warum weiter gehen wollen als die Schrift? Hat es nicht etwas von Vermessenheit, zu glauben, sie habe Unterstützung nötig, und dass diese philosophischen Ideen ihr so etwas leisten könnten?

Was hätte Herr Pascal einem Manne geantwortet, der ihm gesagt hätte: »Ich weiß, dass das Geheimnis der Erbsünde Gegenstand meines Glaubens ist und nicht meiner Vernunft. Ich nehme sehr wohl wahr, was das ist: der Mensch; ich sehe, dass er auf die Welt kommt wie die anderen Lebewesen; dass die Niederkunft der Mütter in dem Maße schmerzhafter ist, wie sie zarter sind; dass die Frauen und auch die weiblichen Tiere manchmal bei der Geburt sterben; dass manche Kinder mit einer Beeinträchtigung, ohne ein oder zwei Sinne und die Fähigkeit zu denken leben; dass die gesunden sehr lebhafte Leidenschaften haben; dass die Eigenliebe bei jedem Menschen gleich ist und ihm genauso notwendig wie die fünf Sinne; dass uns die Eigenliebe von Gott gegeben ist zum Erhalt unseres Daseins und dass er uns den Glauben gegeben hat, diese Eigenliebe zu regulieren; dass unsere Vorstellungen stimmen oder falsch sind, dunkel oder klar, je nachdem, wie robust oder zart, und je nachdem, wie leidenschaftlich wir sind; dass wir in allem von der Luft um uns herum und von den Lebensmitteln abhängen, die wir zu uns nehmen, und dass in all dem nichts Widersprüchliches ist. Der Mensch ist kein Rätsel, wie Sie sich das, um des Vergnügens willen, es zu lösen, vorstellen. Der Mensch scheint an seinem Platz zu stehen in der Natur, den Tieren, denen er mit seinen Organen ähnelt, überlegen, anderen Wesen, denen er wahrscheinlich mit seinem Denken ähnelt, unterlegen. Er ist wie alles, was wir sehen, aus Gut und Böse zusammengesetzt und aus Freud und Leid. Er ist ausgestattet mit Leidenschaften zum Handeln und mit Vernunft, seine Taten zu lenken. Wenn der Mensch vollkommen wäre, wäre er Gott, und diese angeblichen Gegensätze, die Sie ›Widersprüche‹ nennen, sind die erforderlichen Zutaten, die in die Zusammensetzung des Menschen hineingehören, der ist, was er sein soll.«

IV »*Folgt euren Bewegungen, beobachtet euch selbst und seht, ob ihr da nicht die lebendigen Charakterzüge dieser zwei Naturen findet.*«

»*So viele Widersprüche sollen sich in einem einfachen Subjekt finden?*« (430)

»*Die Doppelnatur des Menschen ist so offenkundig, dass manche gedacht haben, wir hätten zwei Seelen in uns, weil ihnen ein einfaches Subjekt derartiger und so abrupter Wandlungen, von maßloser Überheblichkeit zu grauenvoller Niedergeschlagenheit des Herzens, unfähig zu sein schien.*« (417)

Unsere verschiedenen Wünsche sind keine Widersprüche in der Natur, und der Mensch ist kein einfaches Subjekt. Er ist aus einer Unzahl Organe zusammengesetzt: Wenn eines dieser Organe ein bisschen anders ist, muss es notwendig alle Eindrücke des Hirns ändern, und wir müssen neue

Gedanken und neue Bedürfnisse bekommen. Es ist wahr, dass wir bald zu Tode betrübt, bald himmelhochjauchzend sind: Und das muss sein, wenn wir uns in gegensätzlichen Situationen befinden. Ein Tier, das sein Herr streichelt und nährt, und eines, das man langsam und mit Vorsatz erwürgt, um es zu sezieren, haben reichlich unterschiedliche Gefühle: Genau so machen wir's; und die Unterschiede, die in uns sind, sind so wenig widersprüchlich, wie es widersprüchlich wäre, wenn es sie nicht gäbe.

Die Narren, die gesagt haben, wir hätten zwei Seelen, hätten uns mit derselben Begründung dreißig oder vierzig geben können; denn ein Mensch hat in großer Erregung oft dreißig oder vierzig Vorstellungen von derselben Sache und muss sie zwangsläufig haben, je nachdem, wie ihm diese Sache unter verschiedenen Ansichten erscheint.

Diese vorgebliche »Doppelnatur« des Menschen ist ein genauso aberwitziger wie metaphysischer Einfall. Ebenso gerne würde ich sagen, dass der Hund, der beißt und liebkost, doppelt ist; dass die Henne, die sich so sehr um ihre Kleinen kümmert und die sie darauf verlässt und nicht wiedererkennt, doppelt ist; dass der Spiegel, der verschiedene Gegenstände zugleich wiedergibt, doppelt ist; dass der Baum, der bald voller Blätter ist, bald ohne, doppelt ist.

Ich räume ein, dass der Mensch in gewisser Weise unfasslich ist; aber der ganze Rest der Natur ist es auch, und es gibt im Menschen nicht mehr offensichtliche Widersprüche als im ganzen Rest.

v »*Nicht wetten, dass es Gott gibt, heißt wetten, dass es ihn nicht gibt. Worauf also werden Sie setzen? Wägen wir Gewinn und Verlust ab, wenn wir auf den Glauben setzen, dass es Gott gibt. Wenn Sie gewinnen, gewinnen Sie alles; wenn Sie verlieren, verlieren Sie nichts. Wetten Sie also, ohne zu zögern, dass es ihn gibt. – Ja, man muss setzen, aber vielleicht setze ich zu viel? – Mal sehen: Da die Chance für Gewinn und Verlust gleich ist, könnten Sie, wenn Sie auch nur zwei Leben für eines zu gewinnen hätten, noch einmal setzen.*« (233)

Es ist ganz klar falsch zu sagen: »Nicht wetten, dass es Gott gibt, heißt wetten, dass es ihn nicht gibt«; denn derjenige, der zweifelt und Erkenntnis sucht, wettet ganz sicher weder für noch gegen.

Im Übrigen erscheint mir dieser Absatz ein bisschen unpassend und kindisch; diese Idee von Spiel, Verlust und Gewinn passt überhaupt nicht zum Gewicht des Themas.

Außerdem ist das Interesse, das ich habe, an eine Sache zu glauben, kein Beweis für die Existenz dieser Sache. Ich gebe Ihnen, könnten Sie sagen, die Herrschaft über die Welt, wenn ich glaube, dass Sie recht haben. Ich hoffe also von ganzem Herzen, dass Sie recht haben, aber bis Sie es mir bewiesen haben, kann ich Ihnen nicht glauben.

Beginnen Sie damit, könnte man Pascal sagen, meine Vernunft zu überzeugen. Ich habe sicherlich Interesse, dass es einen Gott gibt; aber wenn in Ihrem System Gott nur für so wenige gekommen ist; wenn die Anzahl der Erwählten so schrecklich klein ist; wenn ich nichts kann von mir aus, sagen Sie mir doch bitte, welches Interesse ich habe, Ihnen zu glauben? Habe ich nicht viel klarer ein Interesse, vom Gegenteil überzeugt zu werden? Mit welcher Stirn wagen Sie mir ein unendliches Glück zu zeigen, das von einer Million

Menschen kaum einer erhoffen darf? Wenn Sie mich überzeugen wollen, fangen Sie das anders an und wollen mir nicht bald von Zufallsspiel, Wette, Kopf oder Zahl erzählen und mich bald ängstigen mit Dornen, die Sie auf den Weg streuen, dem ich folgen will und muss. Ihre Überlegung würde nur dazu dienen, Atheisten hervorzubringen, wenn es nicht die Stimme der gesamten Natur gäbe, die uns zuruft, dass es einen Gott gibt – mit so viel Kraft, wie jene Spitzfindigkeiten schwach sind.

VI »*Wenn ich die Verblendung und das Elend des Menschen sehe und jene erstaunlichen Widersprüche, die sich in seiner Natur zeigen, wenn ich das ganze stumme Universum betrachte und den Menschen, der ohne Licht, sich selbst überlassen und wie verwirrt in diesem Schlupfwinkel der Welt lebt, ohne Kenntnis, wer ihn da hingesetzt hat, was zu tun er dorthin gekommen ist, was dort aus ihm wird, wenn er stirbt, dann überkommt mich ein Grauen wie einen Menschen, den man im Schlaf auf eine verlassene und schreckliche Insel gebracht hat und der dort aufwacht, ohne zu wissen, wo er ist, und ohne jede Möglichkeit, fortzukommen; und ich bewundere dabei, wie man über einen so elenden Zustand nicht in Verzweiflung gerät.«* (693)

Über dem Lesen dieses Gedankengangs erhalte ich einen Brief von einem Freund, der sich in einem sehr fernen Land aufhält. Hier seine Worte: »Ich bin hier, wie Sie mich verlassen haben, nicht fröhlicher oder trauriger, weder reicher noch ärmer, erfreue mich einer vollkommenen Gesundheit, mit allem, was das Leben schön macht, ohne Liebschaft, Habsucht, Ehrgeiz und Neid; und solange dieses alles dauert, betrachte ich mich verwegen als sehr glücklichen Menschen.«

Es gibt viele genauso glückliche Menschen wie ihn. Die Menschen sind da wie die Tiere; der eine arme Hund schläft und frisst mit seiner Herrin; jener andere bleibt allein und ist ebenso zufrieden; wieder ein anderer wird tollwütig, und man tötet ihn. Was mich angeht, wenn ich London oder Paris betrachte, sehe ich keinen Grund, in die Verzweiflung zu geraten, von der Pascal spricht; ich sehe eine Stadt, die in nichts an eine verlassene Insel erinnert, sondern bevölkert, reich und geordnet ist, wo die Menschen glücklich sind, soweit die Natur das mit sich bringt. Wer ist der kluge Mann, der bereit wäre, sich aufzugeben, weil er Gott nicht gegenübertreten und das Geheimnis der Dreieinigkeit nicht lösen kann? Genauso müsste man darüber verzweifeln, nicht vier Pfoten und zwei Flügel zu haben.

Warum uns Angst machen vor unserem eigenen Wesen? Unsere Existenz ist nicht so unglücklich, wie man es uns glauben machen will. Die Welt als einen Kerker anzusehen und alle Menschen als Verbrecher, die man henken wird, ist die Idee eines Fanatikers. Zu glauben, die Welt sei ein Ort der Lust, wo man nur Freude haben kann, ist die Träumerei eines Sybariten[2]. Zu denken, dass Erde, Menschen und Tiere sind, was sie sein sollen in der Ordnung der Vorsehung, ist, glaube ich, einem klugen Manne angemessen.

VII »*(Die Juden denken,) dass Gott die anderen Völker nicht ewig in dieser Unklarheit lassen wird; dass für alle ein Erlöser kommen wird; dass sie auf Erden sind, ihn anzukündigen; dass sie eigens geschaffen sind, Herolde dieses großen Ereignisses zu sein und alle Völker aufzurufen,*

2   Schlemmer, Weichling.

sich mit ihnen in der Erwartung dieses Erlösers
zu vereinen.« (619)

Die Juden haben immer einen Erlöser erwartet;
aber ihr Erlöser ist für sie und nicht für uns. Sie
erwarten einen Messias, der den Juden die Herrschaft über die Christen verleiht; und wir hoffen,
dass der Messias die Juden mit den Christen eines
Tages eint: Sie denken da genau das Gegenteil von
dem, was wir denken.

VIII *»Das Gesetz, nach dem dieses Volk regiert*
wird, ist insgesamt das älteste Gesetz der Welt,
das vollkommenste und das einzige, das stets ohne
Unterbrechung beibehalten worden ist in einem
Staat. Das ist es, was Philon, Jude, an verschiede-
nen Stellen nachweist, und auch Joseph zeigt es
bewundernswert gegenüber Apion, wo er sichtbar
macht, dass es so alt ist, dass das Wort Gesetz selbst
den Ältesten erst mehr als tausend Jahre später
bekannt wurde, so dass Homer, der von so vielen
Völkern gesprochen hat, es nie benutzt hat. Die
Vollkommenheit dieses Gesetzes ist schon bei der
einfachen Lektüre leicht zu beurteilen, wo man
sieht, dass dort alles mit so viel Weisheit, so viel
Gerechtigkeit und so viel Urteilskraft vorherge-

sehen ist, dass die ältesten griechischen und rö-
mischen Gesetzgeber, die etwas davon begriffen,
ihre hauptsächlichen Gesetze daher genommen
haben: Das sieht man an denen, die sie die zwölf
Tafeln nennen, und an anderen Beweisen, die
Joseph dafür erbringt.« (620)

Es ist sehr falsch, dass das Gesetz der Juden das
älteste sei, denn vor Moses, ihrem Gesetzgeber,
lebten sie in Ägypten, dem Land der Erde, das für
seine weisen Gesetze am bekanntesten ist.

Es ist sehr falsch, dass man das Wort Gesetz
erst nach Homer gekannt habe; er spricht von den
Gesetzen des Minos; das Wort Gesetz gibt es bei
Hesiod. Und wenn sich das Wort Gesetz weder
bei Hesiod noch bei Homer fände, hieße das noch
gar nichts. Es gab Könige und Richter, also gab
es Gesetze.

Es ist erst recht sehr falsch, dass die Griechen
und Römer Gesetze der Juden übernommen hätten. Das kann nicht in den Anfängen ihrer Re-
publiken gewesen sein, denn damals konnten sie
die Juden nicht kennen; das kann nicht zu Zeiten
ihrer Größe gewesen sein, denn da hatten sie für
diese Barbaren eine der ganzen Erde bekannte
Verachtung.

IX »*Dieses Volk ist auch in seiner Anhänglichkeit bewundernswert. Sie bewahren in Liebe und Treue das Buch, in dem Moses verkündet, dass sie stets undankbar waren gegenüber Gott und dass er weiß, dass sie es nach seinem Tod noch mehr sein werden; dass er aber Himmel und Erde zu Zeugen gegen sie aufrufe, dass er ihnen das ausreichend gesagt habe; dass schließlich Gott, wenn er sich gegen sie erzürnt, sie unter alle Völker der Welt zerstreuen werde; dass, da sie ihn gegen sich aufgebracht haben, indem sie Götter verehrten, die nicht die ihren waren, er sie herausfordern und ein Volk berufen wird, das keineswegs seins ist. Dabei achten sie dieses Buch, das sie auf so viele Arten bloßstellt, mehr als ihr Leben. Das ist eine Treue, die weder ihresgleichen auf der ganzen Welt noch ihre Wurzel in der Natur hat.*« (631)

Diese Zuverlässigkeit hat überall Beispiele, und ihre Wurzel hat sie nur in der Natur. Der Hochmut eines jeden Juden[3] will, dass es nicht die grässliche Politik, die Unkenntnis der Künste, die Grobheit seines Volks ist, die es ins Verderben geführt hat, sondern der Zorn Gottes, der es be-

---

3   Zu Voltaires Haltung gegenüber den Juden s. Nachwort.

straft. Er denkt mit Befriedigung, dass es Wunder gebraucht hat, es niederzuringen, und dass sein Volk noch immer das geliebte Volk des Gottes ist, der es züchtigt.

Da soll mal ein Pfarrer auf die Kanzel steigen und sagen: »Ihr seid Elende, die weder Herz noch Haltung haben; ihr seid bei Höchstädt und Ramillies[4] geschlagen worden, weil ihr euch nicht zu verteidigen wusstet«; er wird sich steinigen lassen; »ihr seid die von Gott geliebten Katholiken; eure schändlichen Sünden haben den Ewigen aufgebracht, der euch in Höchstädt und Ramillies an die Häretiker lieferte; als ihr aber zum Herrn zurückgekehrt seid, hat er in Denain euren Mut gesegnet«; diese Worte werden ihn bei den Zuhörern beliebt machen.

4 Im Spanischen Erbfolgekrieg (1701–1714) siegten am 20.9.1703 erst die Franzosen bei Höchstädt (an der Donau) unter General Vilars über kaiserliche und preußische Truppen, in der zweiten Schlacht bei Höchstädt am 13.8.1704 und am 23.5.1706 bei Ramillies (Belgien) unterlagen sie den englischen und kaiserlichen Truppen, geführt von Prinz Eugen und John Churchill, 1. Duke of Marlborough. Dieser Sieg erzwang den Rückzug der Franzosen aus den Spanischen Niederlanden (Brügge, Antwerpen, Gent). In der Schlacht bei Denain (24.7.1712) siegten die Franzosen (Brief 19).

x »*Wenn es einen Gott gibt, darf man nur ihn lieben und nicht die Geschöpfe.*« (479)

Man muss die Lebewesen lieben, und zwar sehr zärtlich; man muss sein Vaterland, seine Frau, seinen Vater, seine Kinder lieben; man muss sie genauso lieben, wie Gott uns sie unwillkürlich lieben lässt. Entgegengesetzte Prinzipien sind nur geeignet, barbarische Vernünftler hervorzubringen.

xi »*Wir werden ungerecht geboren; denn jeder ist auf sich bedacht. Das ist gegen alle Ordnung. Man muss ein Ziel im Allgemeinen haben; und der Hang zu sich selbst ist der Anfang aller Unordnung in Krieg, Verwaltung, Wirtschaft etc.*« (477)

Das ist ganz in der Ordnung. Es ist genauso unmöglich, dass eine Gesellschaft ohne Eigenliebe entstehen kann, wie es unmöglich wäre, Kinder ohne Lust zu zeugen, ohne Appetit essen zu wollen etc. Es ist die Liebe unserer selbst, die zur Liebe der anderen verhilft; es ist mittels unserer gegenseitigen Bedürfnisse, dass wir dem Menschengeschlecht von Nutzen sind; das ist die Ursache jeden Handelns; das ist das ewige Bindeglied zwischen den Menschen. Ohne das wäre

kein Handwerk eingeführt worden und keine Gesellschaft von mehr als zehn Leuten entstanden.
Es ist diese Eigenliebe, die jedes Wesen von der
Natur erhalten hat, die uns anhält, die der anderen
zu achten. Das Gesetz lenkt diese Eigenliebe, und
der Glaube vervollkommnet sie. Es ist wohl wahr,
dass Gott Wesen hätte schaffen können, die nur
Augenmerk für das Wohl der anderen haben. In
diesem Fall wären die Kaufleute aus Barmherzigkeit in Indien gewesen, und der Maurer hätte
den Stein seinem Nächsten zum Gefallen gesägt.
Aber Gott hat die Dinge anders bestellt. Geben
wir die Schuld nicht dem Instinkt, den er uns
gibt, und nehmen wir ihn in Gebrauch, wie er
es befiehlt.

XII »(Der verborgene Sinn der Prophezeiungen)
konnte nicht irreführen, und es gab nur ein so
sinnenbezogenes Volk wie dieses, das sich da ver-
tun konnte. Denn wenn die Güter im Überfluss
verheißen sind, wer hinderte sie, das wahre Gut
zu erkennen, wenn nicht ihre Begierde, die diesen
Sinn auf die irdischen Güter begrenzte?« (571)
    Ehrlich, würde das klügste Volk es anders ver-
standen haben? Sie waren Sklaven der Römer; sie

erwarteten einen Erlöser, der sie zum Sieg führen und Jerusalem in der ganzen Welt Achtung verschaffen würde. Wie hätten sie mit der Klarheit ihrer Vernunft diesen Sieger, diesen König im armen und gekreuzigten Jesus sehen können? Wie hätten sie unter dem Namen ihrer Hauptstadt ein himmlisches Jerusalem verstehen können, sie, denen der *Dekalog*[5] nun gar nichts von der Unsterblichkeit der Seele gesagt hatte? Wie hätte ein so seinem Gesetz verbundenes Volk ohne höhere Eingebung in den Prophezeiungen, die nicht Gesetz waren, einen hinter der Gestalt eines beschnittenen Juden versteckten Gott erkennen können, der mit seinem neuen Glauben Beschneidung und Sabbat, heilige Grundsätze des jüdischen Gesetzes, abgeschafft und abscheulich gemacht hat?[6] Noch einmal, verehren wir Gott, ohne in das Dunkel seiner Geheimnisse dringen zu wollen.

XIII *»Die Zeit der ersten Ankunft Jesu Christi ist vorhergesagt. Die Zeit der zweiten ist es nicht,*

---

5 Die Zehn Gebote.
6 Hier in der Ausgabe von 1734 der Satz: »Wäre Pascal damals ein Jude gewesen, er hätte sich geirrt wie diese.«

denn die erste sollte verborgen sein, während die
zweite so großartig und offenkundig sein soll, dass
selbst seine Feinde sie erkennen.« (757)

Die Zeit der zweiten Ankunft Jesu Christi ist
noch klarer vorhergesagt worden als die erste.
Monsieur Pascal hatte offensichtlich vergessen,
dass Jesus Christ im 21. Kapitel des Lukas[7] ausdrücklich sagt:

»Wenn ihr aber sehen werdet, dass Jerusalem
von einem Heer belagert wird, dann erkennt, dass
seine Verwüstung nahe herbeigekommen ist …
Jerusalem wird zertreten werden von den Heiden. Und es werden Zeichen geschehen an Sonne
und Mond und Sternen, und auf Erden wird den
Völkern bange sein, und sie werden verzagen vor
dem Brausen und Wogen des Meeres … Denn die
Kräfte der Himmel werden ins Wanken kommen.
Und alsdann werden sie sehen den Menschen-
sohn kommen in einer Wolke mit großer Kraft
und Herrlichkeit.«

Ist das denn nicht genau vorausgesagt die
zweite Ankunft? Wenn es aber doch nicht so ge-

7   Lukas 21, 20–27.

kommen ist, dann ist es nicht an uns zu wagen, die Vorsehung in Frage zu stellen.

XIV »*Der Messias muss nach Ansicht sinnenbezogener Juden ein vergänglicher großer Fürst sein. Nach Ansicht sinnenbezogener Christen ist er gekommen, uns davon zu entbinden, Gott zu lieben, und um uns Sakramente zu geben, die alles bewirken. Weder das eine noch das andere ist der christliche oder der jüdische Glaube.*« (607)

Dieser Artikel ist wohl eher ein satirischer Spruch als eine christliche Überlegung. Wir sehen, dass man es hier auf die Jesuiten abgesehen hat. Aber wirklich, hat denn jemals ein Jesuit gesagt, Jesus Christ sei *gekommen, um uns von der Liebe zu Gott zu entbinden*? Der Streit um die Liebe zu Gott ist ein reiner Wortstreit, wie der Großteil der wissenschaftlichen Zwiste, die so lebhaften Hass und so entsetzliches Unglück bewirkt haben.

In diesem Artikel steckt noch ein anderer Fehler, nämlich die Annahme, dass die Erwartung des Messias ein Punkt des jüdischen Glaubens sei. Das war bloß eine in diesem Volke verbreitete tröstliche Idee. Die Juden hofften auf einen

Retter. Es war ihnen aber nicht befohlen, daran wie an einen Glaubensartikel zu glauben. Ihr ganzer Glaube war in den Büchern des Gesetzes enthalten. Die Propheten sind von den Juden nie als Gesetzgeber angesehen worden.

xv »*Um die Prophezeiungen zu untersuchen, muss man sie verstehen. Denn wenn man glaubt, dass sie lediglich eine Bedeutung haben, ist es sicher, dass der Messias nicht gekommen ist; wenn sie aber doppelte Bedeutung haben, ist es sicher, dass er in Jesus Christus gekommen ist.*« (642)

Die christliche Religion ist so wahrhaftig, dass sie keine doppeldeutigen Beweise nötig hat. Wenn etwas die Grundlagen dieses heiligen und vernünftigen Glaubens erschüttern könnte, dann diese Ansicht des Herrn Pascal. Er will, dass alles in der Schrift doppeldeutig sei; aber einer, der das Pech hätte, nicht gläubig zu sein, würde ihm sagen können: Wer seinen Worten zwei Bedeutungen gibt, will die Menschen täuschen, und diese Zweideutigkeit wird von allen Gesetzen bestraft; wie können Sie also, ohne rot zu werden, Gott zugestehen, was man bei den Menschen bestraft und verabscheut? Was sage ich? Mit welcher Verachtung und Empörung behandeln Sie nicht die Orakel der Heiden, weil sie zwei Deutungen enthielten! Könnte man nicht viel eher sagen, dass die Prophezeiungen, die direkt Jesus Christ angehen, nur einen Sinn haben, wie jene Daniels, Michas und anderer? Könnte man nicht sogar sagen, dass, wenn wir keine Einsicht in die Prophezeiungen hätten, der Glaube darum nicht weniger erwiesen wäre?

XVI »*Der unendliche Abstand zwischen Körper und Geist bezeichnet den unendlich unendlicheren Abstand zwischen Geist und Barmherzigkeit; denn sie ist übernatürlich.*« (793)

Es ist anzunehmen, dass Pascal in seinem Werk dieses Wortgeklingel unterlassen hätte, wenn er Zeit gehabt hätte zur Niederschrift.

XVII »*Die offensichtlichsten Schwächen sind die Stärken jener, die die Dinge richtig angehen. Zum Beispiel Jesu Stammbaum in den Evangelien des Matthäus und des Lukas*[8]. *Sie sind sichtlich nicht abgestimmt worden.*« (578)

8 Matthäus 1, 1–17; Lukas 3, 23–38.

Hätten die Herausgeber der *Gedanken* Pascals diesen Gedanken drucken lassen sollen, dessen Veröffentlichung allein vielleicht schon in der Lage ist, dem Glauben unrecht zu tun? Zu welchem Nutzen sagen, dass diese Genealogien, diese fundamentalen Punkte des christlichen Glaubens, sich widersprechen, ohne zu sagen, worin sie übereinstimmen können? Mit dem Gift müsste doch das Gegenmittel verabreicht werden. Was dächte man von einem Anwalt, der sagt: »Meine Partei widerspricht sich, aber diese Schwäche ist eine Stärke für jene, die die Dinge richtig angehen.«

XVIII »*Man werfe uns also nicht mehr den Mangel an Deutlichkeit vor, da wir uns dazu bekennen; aber man erkenne doch die Wahrheit des Glaubens in der Unzugänglichkeit selbst des Glaubens an, in dem bisschen Kenntnis, das wir davon haben, und in der Gleichgültigkeit, ob wir ihn kennen.*« (565)

Das sind ja wohl eigenartige Zeichen von Wahrheit, die Pascal da anführt! Wie weit kann die Lüge gehen? Was?! Um Glauben zu finden, soll es genügen zu sagen: »Ich bin unzugänglich, ich bin unverständlich!« Es wäre viel vernünftiger, nichts als das Licht des Glaubens vorzuführen statt diesen Nebel von Gelehrsamkeit.

xix *»Wenn es bloß einen Glauben gäbe, wäre Gott zu offenbar.«* (585)

Was?! Sie sagen, Gott wäre zu offenbar, wenn es nur einen Glauben gäbe! Also wirklich! Vergessen Sie, dass Sie auf jeder Seite sagen, eines Tages werde es nur noch einen Glauben geben? Dann wäre Gott Ihrer Ansicht nach also zu offenbar.

xx *»Ich sage, dass der jüdische Glaube in keinem dieser Dinge bestand, sondern allein in der Liebe zu Gott, und dass Gott alle anderen Dinge missbilligte.«* (610)

Was?! Gott missbilligte alles, was er selbst mit so viel Sorgfalt den Juden auftrug, und das mit so wunderbarer Genauigkeit! Ist es nicht aufrichtiger zu sagen, dass das Gesetz Moses' sowohl in der Liebe als auch im Gottesdienst bestand? Alles auf die Liebe zu Gott zurückzuführen hat vielleicht weniger von der Liebe zu Gott als vom

Hass, den jeder Jansenist auf seinen molinis-
tischen[9] Nächsten hat.

XXI »*Das Wichtigste im Leben ist die Wahl eines
Berufs; es ist eine Sache des Zufalls. Die Gewohnheit macht Maurer, Soldaten, Dachdecker.*« (97)

Was kann denn Soldaten, Maurer und alle
mechanischen Arbeiter lenken, wenn nicht das,
was man Zufall und Gewohnheit nennt? Es ist
allein das schöpferische Genie, auf das man von
sich aus kommt: Aber bei den Berufen, die alle
Welt ausüben kann, ist es sehr natürlich und sehr
vernünftig, dass darüber die Gewohnheit bestimmt.

XXII »*Ein jeder prüfe sein Denken; er findet es
stets beschäftigt mit Vergangenheit und Zukunft.
Wir denken fast überhaupt nicht an die Gegenwart; und wenn wir daran denken, dann nur, um
uns über die Gestaltung der Zukunft klarzuwer-
den. Die Gegenwart ist niemals unser Ziel; Vergangenheit und Gegenwart sind unsere Mittel; die
Zukunft allein ist unser Zweck.*« (172)

9   Anhänger von Luis de Molina, Jesuiten.

Man muss, weit davon, sich zu beklagen, dem Schöpfer der Natur danken, dass er uns diesen Instinkt gibt, der uns unaufhaltsam der Zukunft näher bringt. Diese *Hoffnung* ist der wertvollste Schatz des Menschen, der unsere Kümmernisse mildert und der uns im Moment gegenwärtiger Freuden zukünftige Freuden ausmalt. Wenn die Menschen so unglücklich wären, sich nur mit der Gegenwart zu beschäftigen, würde man nichts säen, nichts bauen, nichts pflanzen, keine Vorsorge treffen: Man ließe es an allem fehlen inmitten dieser falschen Freude. Konnte ein Geist wie Pascal auf einen so falschen Allgemeinplatz verfallen wie diesen? Die Natur hat festgesetzt, dass jedermann sich der Gegenwart erfreut, sich nährend und Kinder zeugend, beim Hören angenehmer Töne und beim Einsatz seiner Fähigkeit, zu denken und zu fühlen, und dass er beim Verlassen dieser Zustände, oft sogar mitten darin, an das Morgen denkt, ohne was er heute vor Elend zugrunde gehen würde.

XXIII »*Und wenn ich es mir näher überlegt habe, habe ich bemerkt, dass diese Entfernung von der Ruhe, die den Menschen zu eigen ist und die ih-*

nen nicht erlaubt, bei sich selbst zu verharren, aus
einer sehr wirksamen Ursache herrührt, nämlich
aus dem natürlichen Unglück unserer schwachen
und sterblichen Anlage, die so elend ist, dass nichts
uns trösten kann, wenn nichts uns hindert, daran
zu denken, und wir nur uns sehen.« (139)

Diese Formulierung »nur uns sehen« hat überhaupt keinen Sinn.

Was ist ein Mann, der nicht handelt und von dem man annimmt, dass er sich selbst betrachtet? Ich sage nicht nur, dass dieser Mann ein der Gesellschaft unnützer Dummkopf wäre, sondern ich sage auch, dass dieser Mann nicht existieren kann: denn über was sänne er nach? Seinen Leib, seine Füße, seine Hände, seine fünf Sinne? Entweder wäre er ein Idiot, oder er machte Gebrauch davon. Verharrte er bei der Betrachtung seiner Denkfähigkeit? Aber er kann über diese Fähigkeit nicht nachsinnen, ohne sie anzuwenden. Entweder er denkt nichts, oder er denkt an die Ideen, die ihm schon gekommen sind, oder er entwickelt neue: Er kann Ideen nur von außen haben. Da ist er also entweder mit seinen Sinnen oder mit seinen Ideen beschäftigt; da ist er folglich nach außen gewandt oder blöd.

Noch einmal, es ist der menschlichen Natur unmöglich, in dieser imaginären Benommenheit zu verharren; es ist absurd, sich das vorzustellen; es ist Unsinn, das zu behaupten. Der Mensch ist geboren zu handeln, wie das Feuer nach oben strebt und der Stein nach unten. Nicht beschäftigt sein und nicht existieren ist für den Menschen dasselbe. Der ganze Unterschied besteht in den sanften oder ungestümen, in den gefährlichen oder nützlichen Beschäftigungen.

XXIV »*Die Menschen haben einen geheimen Instinkt, der sie dazu bringt, Vergnügen und Beschäftigung im Außen zu suchen, der vom Gefühl ihres fortgesetzten Elends herrührt; und sie haben einen anderen geheimen Instinkt, der von der Größe ihrer ursprünglichen Natur geblieben ist, der sie erkennen lässt, dass das Glück tatsächlich nur in der Ruhe liegt.*« (139)

Dieser Instinkt, der das erste Prinzip und der notwendige Grundsatz der Gesellschaft ist, kommt vielmehr von der Güte Gottes und ist eher ein Mittel zu unserem Glück, als er das Gefühl unseres Elends ist. Ich weiß nicht, was unsere ersten Väter im irdischen Paradies taten; wenn aber jeder nur an sich gedacht hätte, wäre die Existenz der Menschheit wohl gefährdet gewesen. Ist es nicht abwegig zu denken, dass sie vollkommene Sinne, das heißt das vollständige Instrumentarium zum Handeln, nur zur Betrachtung hatten? Ist es nicht spaßig, dass denkende Köpfe sich vorstellen können, die Untätigkeit sei ein Ausdruck von Größe und die Aktion eine Erniedrigung unseres Wesens?

xxv »*Kineas sagte zu Pyrrhus, der sich anschickte, mit seinen Freunden die Ruhe zu genießen, nachdem er einen großen Teil der Welt erobert hatte, dass er besser täte, sein Glück zu fördern, indem er von nun an, ohne mit so viel Mühen danach zu streben, diese Ruhe genösse, und gab ihm damit einen Ratschlag, der auf so viele Schwierigkeiten stieß und der kaum vernünftiger war als die Absichten dieses jungen Ehrgeizigen. Der eine wie der andere unterstellten, dass der Mensch sich mit sich selbst und seinen gegenwärtigen Gütern zufriedengeben könnte, ohne die Leere imaginärer Hoffnungen des Herzens auszufüllen, was falsch ist. Pyrrhus konnte weder vor noch nach der Eroberung der Welt glücklich sein.*« (139)

Das Beispiel des Kineas macht sich gut in den Satiren Despréaux', aber nicht in einem philosophischen Buch. Ein kluger König kann glücklich in seinem Reich sein; und dass man uns Pyrrhus als Narren darstellt, hat für den Rest der Menschheit keine Aussage.

XXVI »Man muss anerkennen, dass der Mensch so unglücklich ist, dass er sogar ohne äußeren Anlass zur Unzufriedenheit doch unzufrieden wäre, allein durch die Art seines Naturells.« (139)

Im Gegenteil ist der Mensch in diesem Punkt so glücklich, und wir sind dem Schöpfer der Natur so verpflichtet, dass er die Unzufriedenheit mit der Untätigkeit verbunden hat, um uns damit zu zwingen, den Nächsten und uns selbst nützlich zu sein.

XXVII »Wie kommt es, dass jener Mann, der vor kurzem seinen einzigen Sohn verloren hat und der, mit Prozessen und Streitereien überhäuft, an diesem Morgen so verstört war, jetzt nicht mehr daran denkt? Seien Sie nicht erstaunt; er ist vollkommen davon beansprucht zu sehen, wo ein Hirsch hinlaufen wird, den seine Hunde seit *sechs Stunden heftig verfolgen. Mehr braucht es nicht für den Menschen, wie erfüllt er auch sei von Traurigkeit. Wenn man ihn dazu verleiten kann, sich in einer Ablenkung zu verlieren, dann seht, wie er während dieser Zeit glücklich ist.«* (139)

Dieser Mann hält es wunderbar: Die Ablenkung ist ein sichereres Mittel gegen das Leid als die Chinarinde gegen das Fieber; tadeln wir nicht die Natur, die stets bereit ist, uns zu helfen.

XXVIII *»Man stelle sich eine Anzahl von gefesselten Männern vor, alle zum Tod verurteilt: Täglich werden welche vor den Augen der anderen getötet, die, die übrig bleiben, erkennen das ihnen bevorstehende Schicksal in dem ihrer Genossen, und voller Schmerz und ohne Hoffnung einander betrachtend, warten sie ab, bis sie an der Reihe sind. Das ist das Bild des menschlichen Schicksals.«* (199)

Dieser Vergleich stimmt ganz sicher nicht: Die Unglücklichen in Ketten, die man einen nach dem anderen tötet, sind unglücklich, nicht nur weil sie leiden, sondern auch weil sie dem Leiden der anderen ausgesetzt sind. Das natürliche Schicksal eines Menschen ist weder, in Ketten zu liegen, noch, getötet zu werden; vielmehr sind alle Menschen dazu geschaffen, wie die Tiere und die Pflanzen, zu wachsen, eine bestimmte Zeit zu leben, ihre Artgenossen hervorzubringen und zu sterben. In einer Satire kann man den Menschen von seiner schlechten Seite zeigen, soviel man will; aber mit einem bisschen angewandter Vernunft wird man einräumen, dass von allen Wesen der Mensch das vollkommenste und glücklichste ist und dasjenige, das am längsten lebt. Statt zu erstaunen und uns zu beschweren über das Unglück und die Kürze des Lebens, sollten wir erstaunen und uns beglückwünschen zu unserem Glück und seiner Dauer. Um nur als Philosoph zu sprechen, wage ich zu sagen, dass es einigen Hochmut und Vermessenheit hat zu sagen, wir sollten unserem Wesen nach besser sein, als wir sind.

XXIX *»Die Weisen unter den Heiden, die gesagt haben, es gebe nur einen Gott, sind verfolgt worden, die Juden gehasst, die Christen noch mehr.«* (556)

Sie sind manchmal verfolgt worden, eben genau so, wie es heute ein Mann wäre, der einen Ritus lehrte, der unabhängig ist vom üblichen

Gottesdienst. Sokrates ist nicht dafür verurteilt worden, dass er gesagt hat: »Es gibt nur einen Gott«, sondern weil er sich gegen den äußerlichen Gottesdienst des Landes erhoben hat und weil er sich sehr ungeschickt Mächtige zu Feinden gemacht hat. Was die Juden betrifft, so wurden sie nicht gehasst, weil sie nur an einen Gott glaubten, sondern weil sie auf lächerliche Art die anderen Völker hassten, weil sie Barbaren waren, die ohne Gnade ihre besiegten Feinde massakrierten, und weil dieses niederträchtige Volk, abergläubisch, unwissend, ohne Handwerk und Handel, die gesittetsten Völker verachtete. Was die Christen angeht, so wurden sie von den Heiden gehasst, weil sie vorhatten, Glaube und Reich zu zerschlagen, was sie schließlich auch taten, wie die Protestanten Herren derselben Länder geworden sind, in denen sie lange Zeit gehasst, verfolgt und massakriert wurden.

xxx *»Die Fehler Montaignes sind groß. Er ist voll von unflätigen und anstößigen Worten. Das ist nichts wert. Seine Ansichten über Selbstmord und Tod sind grässlich.«* (63)

Montaigne spricht als Philosoph, nicht als

Christ: Er nennt Für und Wider des Selbstmords. Welchen Schaden verursacht, philosophisch gesprochen, ein Mann der Gesellschaft, der sie verlässt, wenn er ihr nicht mehr dienen kann? Ein Greis ist steinkrank und leidet unerträgliche Schmerzen; man sagt ihm: »Wenn Sie sich den Stein nicht schneiden lassen, werden Sie sterben; wenn man ihn Ihnen schneidet, können Sie noch ein Jahr lang auf Ihre und anderer Leute Kosten dummes Zeug reden, sabbern und dahinsiechen.« Ich nehme an, dass der gute Mann dafürhalten wird, niemandem mehr zur Last zu fallen: so ungefähr der Fall, den Montaigne darstellt.

XXXI *»Wie viele Sterne haben uns die Ferngläser entdeckt, die es für unsere Philosophen von früher gar nicht gab? Man griff kühn die Schrift an, weil man dort so viele Stellen über die große Zahl der Sterne findet. Es gibt davon bloß 1022, sagte man; wir wissen es.«* (266)

Es ist sicher, dass die Heilige Schrift, was die Physik angeht, sich immer nach den allgemein anerkannten Vorstellungen gerichtet hat; so nimmt sie an, dass die Erde unbewegt ist, dass die Sonne wandert und so weiter. Es ist keine astronomische

Spitzfindigkeit, dass sie sagt, die Sterne seien unzählbar, sondern um mit den gültigen Vorstellungen in Einklang zu sein. Tatsächlich, obwohl unser Blick nur ca. 1022 Sterne entdeckte, glaubt das geblendete Auge indessen, wenn man den Himmel starr betrachtet, eine Unendlichkeit davon zu sehen. Die Schrift spricht hier also gemäß dem verbreiteten Vorurteil, denn schließlich ist sie nicht dazu da, aus uns Physiker zu machen; und es hat allen Anschein, dass Gott weder Habakuk noch Baruch noch Micha[10] offenbart hat, dass eines Tages ein Engländer namens Flamstead mehr als 7000 im Teleskop wahrgenommene Sterne in seinen Katalog setzen würde.

XXXII »*Ist es mutig von einem Sterbenden, in Schwäche und Todeskampf herzugehen und einem allmächtigen und ewigen Gott die Stirn zu bieten?*« (593)

Das ist niemals vorgekommen; und es kann nur in einer sehr gewaltigen Erregung sein, dass

10 Habakuk: prophetischer Visionär um 620 v. Chr.; Baruch: Freund und Schreiber des Propheten Jeremias; Micha: einer der Propheten im Alten Testament.

ein Mann sagt: »Ich glaube an einen Gott, und ich trotze ihm.«

XXXIII *»Ich glaube gerne die Geschichten, deren Zeugen sich töten lassen.«* (593)

Die Schwierigkeit ist nicht nur, zu wissen, ob man Zeugen glauben wird, die sterben, um ihre Aussage aufrechtzuerhalten, wie es so viele Fanatiker getan haben, sondern auch, ob diese Zeugen wirklich dafür gestorben sind, ob man ihre Aussagen aufbewahrt hat, ob sie in dem Land gelebt haben, wo man sagt, dass sie gestorben seien. Warum hat Josephus, geboren zur Zeit des Todes Christi, Josephus, der Feind des Herodes, der dem Judentum so wenig verbundene Josephus, nicht ein Wort darüber verloren? Das ist, was Herr Pascal mit Erfolg hätte erklären können, wie es seither so viele beredte Schriftsteller getan haben.

XXXIV *»Das Wissen hat zwei Extrempunkte, die sich berühren. Der erste ist die reine, natürliche Unwissenheit, in der sich alle Menschen bei ihrer Geburt befinden; der andere ist jener, bei dem die großen Seelen anlangen, die, nachdem sie al-*

les durchlaufen haben, was die Menschen wissen
können, einsehen, dass sie nichts wissen, und die
sich in der gleichen Unwissenheit wiederfinden,
von der sie ausgegangen waren.« (327)

Dieser Gedanke ist reiner Sophismus; und das
Falsche liegt im Wort Unwissenheit, das man in
zwei verschiedenen Bedeutungen nimmt. Wer
weder lesen noch schreiben kann, ist unwissend;
aber ein Mathematiker, der die verborgenen Prinzipien der Natur nicht kennt, ist nicht auf derselben Stufe von Unwissenheit wie vorher, als er begann, lesen zu lernen. Monsieur Newton wusste
nicht, warum ein Mensch seinen Arm bewegt,
wenn er es will; aber er war darum im Übrigen
nicht weniger wissend. Wer kein Hebräisch kann,
aber Latein, ist wissend im Vergleich zu dem, der
bloß Französisch kann.

xxxv *»Glücklich sein heißt nicht durch Zerstreu-*
ung erfreut werden können; denn die kommt wo-
anders her und von außen; daher ist sie abhängig
und folglich in steter Gefährdung durch tausend
Zufälle, die unausweichlich Unzufriedenheit
schaffen.« (170)

Der ist wirklich glücklich, der Freude hat, und

diese Freude kann nur von außen kommen. Wir können Gefühle und Ideen nur von außen befindlichen Dingen haben, wie wir unseren Körper nur nähren können, indem wir fremde Substanzen hineingelangen lassen, die sich zu unseren umwandeln.

XXXVI *»Die höchste Vergeistigung gilt als verrückt, ebenso der extreme Mangel daran. Nichts gilt als gut als das Mittelmaß.«* (327)

Es ist nicht die äußerste Intelligenz, sondern die äußerste Lebhaftigkeit und Beweglichkeit, die man für verrückt hält. Die höchste Vergeistigung ist äußerste Genauigkeit, extreme Feinheit und extreme Spannweite, dem Wahnsinn genau entgegengesetzt.

Der extreme *Mangel an Verstand* ist ein Begriffsmangel, eine Ideenleere; das ist nicht Wahnsinn, sondern Dummheit. Der Wahnsinn ist eine Störung in den Organen, die mehrere Gegenstände zu schnell sehen lässt oder die die Vorstellungskraft bei einem Einzigen mit zu viel Zuwendung und Macht aufhält. Es ist auch nicht das Mittelmaß, das als gut gilt, sondern die Entfernung von den beiden gegensätzlichen Extremen, was man *die richtige Mitte* nennt und nicht *Mittelmaß*.

XXXVII *»Wären wir von Natur aus glücklich, ließen wir uns nicht vom Gedanken ablenken.«* (165b)

Wir sind ganz genau dazu geschaffen, an äußere Gegenstände zu denken, zu denen wir in einem notwendigen Verhältnis stehen. Es ist falsch, dass man einen Menschen mit dem Gedanken an das Schicksal des Menschen ablenken kann; denn auf was er seinen Geist auch richtet, er richtet ihn auf etwas, das notwendig mit der Veranlagung des Menschen zu tun hat; und noch einmal, an sich zu denken unter Ausschluss der natürlichen Dinge, das ist an gar nichts denken, man nehme sich da bloß in Acht.

Weit entfernt, einen Menschen am Bedenken seiner Lage zu hindern, unterhält man ihn nie anders als mit den schönen Aspekten seiner Veranlagung. Man redet mit einem Gebildeten über Ruhm und Wissenschaft; mit einem Fürsten über das, was mit seiner Größe in Zusammenhang steht; mit jedem spricht man über angenehme Dinge.

XXXVIII *»Den Großen und den Kleinen passieren dieselben Dinge, derselbe Ärger und dieselben Erregungen. Aber die einen stehen am Rande des Rades und die anderen mehr bei der Mitte und sind daher von denselben Bewegungen weniger betroffen.«* (180)

Es ist falsch, dass die Kleinen weniger bewegt werden als die Großen; im Gegenteil, ihre Verzweiflung ist umso lebhafter, als sie weniger Hilfe haben. Von 100 Leuten, die sich in London umbringen, sind 99 aus dem einfachen Volk und kaum einer aus gehobenen Verhältnissen. Der Vergleich des Rades ist spitzfindig und falsch.

XXXIX *»Aufrichtig zu sein bringt man den Menschen nicht bei, aber den ganzen Rest bringt man ihnen bei; und dabei bilden sie sich auf nichts so viel ein wie darauf. So brüsten sie sich mit der einzigen Sache, die sie nicht erlernt haben.«* (68)

Man bringt den Menschen bei, anständig zu sein, und ohne das wären es nur wenige. Lassen Sie Ihren Sohn in seiner Kindheit sich alles nehmen, was ihm unter die Finger kommt, mit fünfzehn stiehlt er in großem Stil; loben Sie ihn für eine Lüge, er wird falscher Zeuge; schmeicheln Sie seiner Sinnenlust, er wird sicherlich ein Lüstling. Man lehrt die Menschen alles, Tugend und Glaube.

XL »*Montaignes törichter Plan, sich selbst darzustellen! Und das nicht beiläufig und gegen seine Grundsätze, wie jeder einmal einen Fehler macht, sondern nach eigenem Grundsatz und mit erstrangiger und hauptsächlicher Absicht; denn etwas Dummes aus Zufall und Schwäche zu sagen, ist ein gewöhnliches Übel; das aber absichtlich zu tun, und dann auch noch so etwas, das ist unerträglich.*« (62)

Welch bezaubernde Absicht, sich naiv darzustellen, wie Montaigne es getan hat! Er hat die menschliche Natur dargestellt; und welch armselige Absicht von Nicole, Malebranche und Pascal, Montaigne schlechtzumachen.

XLI »*Als ich überlegte, woher es kommt, dass man so vielen Betrügern so viel Glauben schenkt, die sagen, dass sie über Heilmittel verfügen, bis zu dem Punkt, sein Leben in ihre Hände zu legen, schien mir der wahre Grund darin zu liegen, dass es echte Heilmittel gibt; denn es wäre nicht möglich, dass es so viele falsche gibt und man ihnen so viel Glauben schenkt, wenn es nicht tatsächlich welche gäbe. Wenn es niemals welche gegeben hätte und alle Krankheiten unheilbar gewesen wären, dann ist es unmöglich, dass die Menschen daran haben glauben können, und noch mehr, dass so viele denen Glauben geschenkt haben, die sich rühmten, darüber zu verfügen. Genauso würde niemand, weil es dafür kein Beispiel gibt, einem Mann glauben, der sich rühmt, den Tod zu verhindern. Da es aber eine Anzahl Heilmittel gibt, die sich selbst in der Wahrnehmung der größten Menschen als wirksam herausgestellt haben, hat sich die Gläubigkeit der Menschen hier gebeugt, weil, nachdem die Sache nicht im Allgemeinen widerlegt werden kann (da es einzelne Wirkungen gibt, die echt sind), das Volk, das nicht die echten unter den Einzelwirkungen unterscheiden kann, an sie alle glaubt. Ebenso glaubt man an so viele falsche Effekte des Mondes, weil es echte gibt wie die Gezeiten des Meeres.*

So erscheint es mir genauso klar, dass es so viele falsche Wunder, falsche Offenbarungen und Zauber gibt, weil es auch echte gibt.« (817)

Mir scheint, die menschliche Natur bedarf des Echten nicht, um aufs Falsche zu verfallen. Man

hat dem Mond so viele falsche Einflüsse unterstellt, bevor man sich die wirkliche Beziehung
zu den Gezeiten des Meeres vorstellte. Der erste
Mensch, der krank war, hat sicherlich dem ersten
Quacksalber geglaubt. Niemand hat Werwölfe
oder Hexer gesehen, und viele haben daran geglaubt. Niemand hat die Umwandlung der Metalle
gesehen, und mancher hat sich mit seinem Glauben an den Stein der Weisen ruiniert. Glaubten die
Römer, die Griechen und alle Heiden also nur an
die falschen Mirakel, mit denen sie überschüttet
wurden, weil sie derlei wirklich gesehen hatten?

XLII *»Der Hafen ist der Bezugspunkt für diejenigen, die in einem Schiff sind; wo aber finden wir
diesen Punkt in der Moral?«* (383)

Allein in dem Grundsatz, der allen Völkern
gemein ist:

»Füge keinem anderen zu, was du nicht willst,
das man dir tut.«

XLIII »Ferox gens nullam esse vitam sine armis
putat[11]. *Sie mögen den Tod lieber als den Frieden;*

_____

11 Ferox gens …: »Ein grobes Volk, das glaubt, ein Leben

261

die anderen mögen den Tod lieber als den Krieg.
Man kann jede Überzeugung über das Leben
stellen, das wir anscheinend von Natur aus so sehr
lieben.« (156)

Das hat Tacitus von den Katalanen gesagt;
aber es gibt kein Volk, von dem man gesagt hätte
oder sagen könnte: »Es hat den Tod lieber als den
Krieg.«

XLIV *»In dem Maß, in dem man geistreich ist,*
findet man die Menschen originell. Die einfachen
Menschen merken keinen Unterschied zwischen
den Menschen.« (7)

Es gibt sehr wenige wirklich originelle Menschen; fast alle beherrschen sich, denken und
fühlen unter dem Einfluss von Brauch und Erziehung: Nichts ist so selten wie ein Geist, der
einen neuen Weg beschreitet; doch in der Menge
der Menschen, die gemeinsam gehen, hat jeder
seine kleinen Besonderheiten im Gang, die bei
genauem Hinsehen bemerkt werden.

ohne Waffen gebe es nicht.« Aus Titus Livius, *Geschich-*
te Roms, XXXIV, 17.

XLV *»Es gibt also zwei Sorten von Verstand, einer, der lebhaft und tief zu den Folgen der Prinzipien vordringt, das ist der Geist der Genauigkeit; der andere begreift eine große Anzahl von Prinzipien, ohne sie durcheinanderzubringen, das ist der Geist der Geometrie.«* (2)

Heutzutage will der Sprachgebrauch, glaube ich, dass man den methodischen und konsequenten Verstand einen »geometrischen Verstand« nennt.

XLVI *»Der Tod ist leichter zu ertragen, wenn man nicht daran denkt, als der gefahrlose Gedanke an den Tod.«* (166)

Man kann nicht sagen, dass ein Mensch den Tod leicht oder betrübt ertrage, wenn er gar nicht daran denkt. Wer nichts spürt, erträgt auch nichts.

XLVII *»Wir meinen, dass alle Menschen die Dinge, die auf sie zukommen, auf die gleiche Weise auffassen und empfinden: Aber wir nehmen es ganz willkürlich an, denn wir haben keinen Beweis dafür. Wohl sehe ich, dass man die gleichen Worte bei den gleichen Gelegenheiten anwendet und dass jedes Mal, wenn beispielsweise zwei*

Menschen Schnee sehen, alle beide den Anblick dieses Gegenstandes mit denselben Worten ausdrücken, indem beide sagen, dass er weiß ist; und aus dieser Gleichförmigkeit der Anwendung leitet man die mächtige Vermutung einer Gleichförmigkeit der Vorstellungen ab. Aber das ist nicht unbedingt überzeugend, obwohl man auf die Richtigkeit wetten könnte.« (392)

Es war nicht die weiße Farbe, die es als Beweis zu nehmen galt. Das Weiß, das die Vereinigung aller Strahlen ist, erscheint jedem klar, blendet auf die Dauer ein bisschen und hat auf alle Augen dieselbe Wirkung; aber man könnte sagen, dass die anderen Farben vielleicht nicht von allen Augen in der gleichen Weise wahrgenommen werden.

XLVIII *»Unser ganzes Überlegen läuft darauf hinaus, dem Gefühl nachzugeben.«* (274)

Unser Überlegen beschränkt sich in Geschmacksdingen aufs Gefühl, nicht bei Dingen des Wissens.

XLIX *»Die ein Werk nach Regeln beurteilen, verhalten sich gegenüber den anderen wie die, die*

*eine Uhr haben, gegenüber denen, die keine
haben.*

*Der eine sagt: ›Wir sind jetzt zwei Stunden
hier.‹ Der andere sagt: ›Es sind erst drei Viertel-
stunden.‹ Ich sehe auf meine Uhr und sage dem
einen: ›Sie langweilen sich‹, und dem anderen:
›Die Zeit vergeht ihnen kaum.‹«* (5)

In Werken von Geschmack, in Musik, Poesie,
Malerei, ist es der Geschmack, der den Platz der
Uhr einnimmt; und wer darüber nur nach Regeln
urteilt, urteilt schlecht.

L »*Cäsar war zu alt, scheint mir, um die Welt zu
seinem Vergnügen zu erobern. Dieses Vergnügen
war etwas für Alexander, er war ein junger Mann,
der schwer zu zügeln war; Cäsar war sicherlich
reifer.*« (132)

Man stellt sich normalerweise vor, Alexander
und Cäsar seien von zu Hause aufgebrochen, um
die Erde zu erobern; dem ist nicht so: Alexander
folgte Philipp in der Generalität Griechenlands,
und er wurde einzig beauftragt mit dem Unter-
nehmen, die Griechen für das Unrecht des per-
sischen Königs zu rächen: Er schlug den gemeinsamen Feind und setzte seine Eroberungen bis

Indien fort, weil sich das Königreich des Darius bis nach Indien ausdehnte; genauso, wie der Herzog von Marlborough bis Lyon vorgedrungen wäre ohne den Marschall von Villars.

Was Cäsar betrifft, so war er einer der Ersten der Republik. Er stritt sich mit Pompeius wie die Jansenisten mit den Molinisten; und damals ging es darum, wer wen niederrang. Eine einzige Schlacht, in der es nicht einmal 10 000 Tote gab, entschied alles.

Im Übrigen ist der Gedanke Pascals in jeder Beziehung falsch. Es bedurfte der Reife Cäsars, sich aus so vielen Intrigen herauszuhalten; und es ist erstaunlich, dass Alexander in seinem Alter aufs Vergnügen verzichtet haben soll für einen so unangenehmen Krieg.

LI »*Der Gedanke ist spaßig, dass es Leute gibt auf der Welt, die, nachdem sie auf alle Gesetze Gottes und der Natur verzichtet haben, sich selber welche gemacht haben, denen sie genau folgen, wie z. B. die Diebe und so weiter.*« (393)

Dieser Gedanke ist noch viel nützlicher als spaßig; denn das beweist, dass keine menschliche Gesellschaft ohne Regeln einen Tag bestehen kann.

LII »*Der Mensch ist weder Engel noch Tier: Und das Unglück will es, dass wer Engel sein will, Tier ist.*« (358)

Wer die Leidenschaften zerstören will, statt sie zu lenken, will Engel sein.

LIII »*Ein Pferd will nicht von seinem Artgenossen bewundert werden: Man sieht bei ihnen wohl eine Art Wetteifer beim Laufen, aber das bleibt ohne Folge; denn im Stall überlässt das schwerste und schlechtest bestellte nicht deswegen seinen Hafer dem anderen. Dem ist nicht so unter den Menschen: Ihre Tugend gibt sich nicht mit sich selbst zufrieden; und sie sind unzufrieden, wenn sie daraus keinen Vorteil gegenüber den anderen ziehen können.*« (401)

Der schlechtest bestellte Mensch tritt sein Brot dem anderen auch nicht ab, sondern der Stärkere entreißt es den Schwächeren; sowohl bei den Tieren wie bei den Menschen fressen die Großen die Kleinen.

LIV »*Wenn der Mensch sich an erster Stelle selbst untersuchen würde, könnte er sehen, wie wenig er imstande ist, über sich selbst hinauszukommen.*

Wie wollte dann ein Teil das Ganze erkennen?
Aber trachtet er vielleicht danach, wenigstens
die Teile zu erkennen, zu denen er im Verhältnis
steht? Die Teile der Welt haben jedoch eine solche
Beziehung und Verkettung miteinander, dass ich
es für unmöglich halte, das eine ohne das andere
und ohne das Ganze zu erkennen.« (72)

Man sollte den Menschen nicht abhalten zu suchen, was ihm nützlich ist, mit der Überlegung, dass er nicht alles kennen kann.

Non possis oculo quantum contendere Lynceus,
non tamen idcirco contemnas lippus inungi.[12]

Wir kennen viele Wahrheiten; wir haben viele nützliche Erfindungen gemacht. Trösten wir uns darüber hinweg, dass wir nicht die Beziehungen kennen, die zwischen einer Spinne und dem Ring des Saturn bestehen können, und setzen wir fort zu untersuchen, was in unseren Kräften steht.

LV *»Wenn der Blitz in niedere Gefilde schlüge,*
fehlten den Dichtern und denen, die nur über

---

12 Non possis …: »Kannst Du schon an Sehschärfe nicht
    mithalten mit Lynkeus, verschmäh doch nicht die Salbe
    bei entzündetem Lid.« Horaz *Epistulae* 1, Vers 28 f.

derlei Dinge nachdenken können, die Beweise.«
(39)

Ein Vergleich beweist weder in Poesie noch in Prosa irgendetwas: Er dient in der Poesie der Verschönerung und in der Prosa der Erklärung der Dinge und dazu, sie augenscheinlicher zu machen. Die Dichter, die die Missgeschicke der Großen mit dem Blitz verglichen haben, der die Berge trifft, würden umgekehrte Vergleiche anstellen, wenn das Gegenteil einträte.

LVI *»Es ist diese Zusammensetzung aus Geist und Körper, die bewirkt hat, dass fast alle Philosophen Vorstellungen und Dinge verwechselt haben und dass sie den Körpern zugeschrieben haben, was der Geister ist, und den Geistern, was nur zu den Körpern passt.«* (72)

Wenn wir wüssten, was »Geist« ist, könnten wir uns beklagen über das, was die Philosophen ihm zugeschrieben haben und was nicht seins ist; aber wir kennen weder den Geist noch den Körper; wir haben keine Vorstellung vom einen, und wir haben nur sehr unvollkommene Vorstellungen vom anderen. Also können wir nicht wissen, welches ihre Grenzen sind.

LVII »*Wie man ›poetische Schönheit‹ sagt, sollte man auch ›geometrische Schönheit‹ und ›medizinische Schönheit‹ sagen. Indes sagt man es nicht; und der Grund dafür ist, dass man sehr wohl weiß, was der Gegenstand der Geometrie ist und was der Gegenstand der Medizin ist, aber man weiß nicht, woraus die Anmut besteht, die Gegenstand der Poesie ist. Man weiß nicht, was das Vorbild der Natur ist, das es nachzuahmen gilt; und mangels dieser Kenntnis hat man bestimmte merkwürdige Begriffe eingeführt: ›goldenes Jahrhundert‹, ›Wunder unserer Tage‹, ›fataler Lorbeer‹, ›schöner Stern‹ etc; und man nennt diesen Jargon ›poetische Schönheit‹. Wer sich aber eine nach diesem Modell gekleidete Frau vorstellt, der wird ein völlig mit Spiegeln und Messingketten bedecktes Mädchen sehen.*« (33)

Das ist sehr verkehrt; man darf weder »geometrische Schönheit« noch »medizinische Schönheit« sagen, weil ein Lehrsatz und eine Heilung die Sinne nicht angenehm berühren und weil man das Wort »Schönheit« nur den Dingen verleiht, die die Sinne bezaubern, wie die Musik, die Malerei, die Beredsamkeit, die Dichtung, die regelmäßige Architektur etc.

Der von Pascal dargelegte Grund ist ganz genauso falsch. Man weiß sehr gut, woraus der Gegenstand der Dichtung besteht; mit Kraft, Klarheit, Empfindsamkeit und Harmonie zu malen; die Dichtung ist harmonische Beredsamkeit. Pascal muss recht wenig Geschmack gehabt haben, um zu sagen, dass »fataler Lorbeer«, »schöner Stern« und andere Dummheiten poetische Schönheiten seien; und die Verleger dieser *Gedanken* müssen in der Literatur sehr unbewandert gewesen sein, um eine ihres berühmten Urhebers so unwürdige Überlegung zu drucken.

Ich schicke Ihnen nicht meine anderen Bemerkungen über die *Pensées* des Herrn Pascal, da sie in zu lange Diskussionen verwickeln würden. Es soll genügen, einige Flüchtigkeitsfehler bei diesem großen Geiste wahrzunehmen geglaubt zu haben; es ist einem so bescheidenen Geiste wie dem meinen ein Trost, recht überzeugt zu sein, dass die größten Männer sich täuschen können wie die einfachen.

Nachwort von Rudolf von Bitter
Frühes Wetterleuchten

Einen eindeutigeren Auftakt kann die Wirkungs-
geschichte eines Buchs kaum haben: Als es erschien, wurde es umgehend verboten und zur
Verbrennung auf dem Scheiterhaufen verurteilt,
mit der Begründung, dass es »öffentliches Ärger-
nis erregt und dass man nur zu gut weiß, wie geeignet es ist, anzustiften zur für den Glauben und
die öffentliche Ordnung in der Zivilgesellschaft
gefährlichsten Zügellosigkeit«. Das Gericht legte
fest, dass »das Buch, da skandalös und gegen den
Glauben, die guten Sitten und die Achtung für
die Obrigkeit gerichtet, zerrissen und verbrannt«
werde. Die weitere Verbreitung und der Besitz
wurden unter »auch körperliche Bestrafung« gestellt. An demselben Tag, am 10. Juni 1734, wurde
um 11 Uhr Vollzug gemeldet.

Voltaire war bewusst, was er da zu Papier gebracht hatte. Er hatte sich aufs Land abgesetzt. Einerseits lag ihm die Veröffentlichung am Herzen, andererseits benutzte er die damals übliche Tarnung für Bücher, die voraussichtlich verboten werden würden. Statt des Druckorts Rouen wurde Amsterdam genannt, und sein Name war verkürzt zu M. de V***, was in Wahrheit natürlich nicht allzu schwierig zu durchschauen war. Dass er einen Nerv seiner Zeit getroffen hatte, zeigt nicht nur das Verbot, sondern auch die Verbreitung des Buchs: Außer den beiden von Voltaire autorisierten Ausgaben erschienen in demselben Jahr drei Raubdrucke.

Die Richter, die zu diesem Urteil gekommen waren, hatten nur zu gut bemerkt, wie wenig verheißungsvoll für sie als Obrigkeit des Ancien Régime, also der absolutistischen Monarchie Frankreichs, das war, was hier verhandelt und als falsch oder richtig dargestellt wird. Diese *Briefe aus England* waren einer der Zündfunken an der damals noch langen Lunte, die 1789 die große Explosion auslöste, die Französische Revolution, der wir die Ideen von Menschenrechten und Toleranz, von Gleichheit und Freiheit verdanken und in deren Folge Demokratie und Rechtsstaatlichkeit und all die zivilisatorischen Werte entstanden sind, die uns heute für ein vernünftiges Leben unabdingbar geworden sind. Ob Voltaire, der mit vierzig Jahren nicht mehr junge, für seine Zeit aber doch jugendliche Autor dieser als »Briefe« vorgestellten Berichte und Essays, die Französische Revolution gutgeheißen hätte, bleibt fraglich. So wie er hier verurteilt, dass Charles I., König von England, seinerzeit hingerichtet wurde, und wie er unbedingt dafür eintritt, dass im Menschen natürlich eine von Gott gegebene Seele sein muss, so hätte er auch viele andere Gedanken und Taten der späteren Revolutionäre abgelehnt. Voltaires Haltung erscheint insofern aus unserer heutigen Sicht widersprüchlich, damals muss sie das gar nicht gewesen sein.

In manchem lesen sich Voltaires *Briefe aus England* wie ein Plädoyer, als wollte er heute, in Zeiten von Globalisierung und Algorithmen, ins Schwärmen geraten über schrankenlosen Handel, der Wohlstand bringt, und Mathematik, die den Fortschritt der Menschheit bewirkt. Nur dass es bei ihm noch Arithmetik und Geometrie waren. Mit seinem Eintreten für religiöse Toleranz würde er bei uns zurzeit nicht, aber dafür an anderen Orten unserer Welt heftig anecken. So ruft uns dieses Buch in Erinnerung, dass wir manche Errungenschaften, für die in Europa gekämpft worden ist, heute als so selbstverständlich nehmen, dass wir Gefahr laufen, sie aus Leichtfertigkeit zu verlieren.

Zur Abfassung der *Briefe aus England, Letters Concerning the Englisch Nation, Lettres écrites de Londres* oder, wie sie in den französischen Klassikerausgaben heißen, *Lettres philosophiques,* hat es eines äußeren Anlasses bedurft, nämlich dass er nach England ins Exil ging. Das hat, etwas umständlich, zu tun mit Voltaires Herkunft. Zunächst hieß er noch François Marie Arouet l. j. (= le jeune = Arouet junior), als der er 1694 zur Welt gekommen war. Er war der zweite Sohn eines königlichen Notars, der ihn für eine juristische Karriere vorgesehen hatte. Zuvor kam er in den Genuss einer hervorragenden literarischen Bildung im jesuitischen Gymnasium Louis-le-Grand in Paris, wo er mit den verwöhnten Söhnen der großen Familien zusammenkam, so mit einem Großneffen Richelieus und zwei Brüdern d'Argenson, die später Minister wurden und dabei ihren Einfluss auch zugunsten des späteren Voltaire geltend machten. Das großartige Auftreten der adeligen Schulkameraden verdeutlichte den Standesunterschied und entfachte im Bürgersohn Arouet Ehrgeiz und Interesse an Vermögen.

Während dieser Jugendzeit wurde er von seinem Paten François de Castagnères, bekannt als Abbé de Châteauneuf, in die *société du temple* eingeführt, eine elitäre Gesellschaft von Freigeistern. Dort vergnügte man sich mit leichten Gedichten über Liebe und Gesellschaft im Stil des antiken Dichters Anakreon, kritisierte aber auch Gesellschaft, Politik und Kirche, wobei sich besonders Arouet junior hervortat mit unverhohlener Kritik und ungeniertem Spott. Seine ersten Jahre standen im Zeichen Ludwigs XIV., der Frankreich nach der Größe des 17. Jahrhunderts mit erschöpfenden Kriegen, zuletzt dem Spanischen Erbfolgekrieg, aber auch mit der Vertreibung der (dem Staat eigentlich nützlichen) protestantischen Hugenotten und einer ungeschickten Finanzpolitik an den Rand des Bankrotts gebracht hatte. Vor allem die Bauern und die Aristokraten waren unzufrieden, die einen, weil die Lebensmittelpreise gedrückt und die Exporte besteuert wurden, die anderen, weil sie nicht mehr unabhängig waren, sondern Höflinge. Ludwig XIV. selbst verbrachte seine letzten Jahre in einem Klima der Frömmelei mit Madame de Maintenon. So war eine Gesellschaft wie die des *temple,* in der man in Ruhe seinen Spott über König und Kirche treiben konnte, natürlich gut besucht.

Nach dem Tod Ludwigs XIV., 1715, begann die Regentschaft von Philippe d'Orléans, die sich durch mehr Freizügigkeit im politischen Leben auszeichnete, und auch die Verfolgungen Andersgläubiger als des katholischen Glaubens ließen nach. Um die Staatsschulden in den Griff zu bekommen, ließ der Regent den schottischen Finanztheoretiker John Law, den er zum Minister ernannt hatte, Papiergeld einführen, was eine gewaltige Spekulationsblase zur Folge hatte. Der galante Rokokomaler Antoine Watteau wurde Hofmaler, und unter anderem fand der Regent auch Geschmack an den spöttischen Gedichten des jungen Arouet, deren Objekt meistens Zeitgenossen waren. Arouet-Vater waren die Beziehungen seines Sohnes zu den *libertins,* den Freigeistern, überhaupt nicht recht, deshalb schickte er ihn mit dem Bruder des Abbé de Châteauneuf auf Reisen nach Den Haag. Weil sein Sohn sich dort aber unter großem Aufsehen in die Tochter einer geflohenen Hugenottin verliebte, wurde er bald nach Frankreich zurückgerufen. Der Vater wollte ihn enterben, ihn festnehmen und nach Amerika, damals zum Teil französische Kolonie, deportieren lassen. Der Sohn zeigte Reue und ließ sich zur Ausbildung zu einem Advokaten schicken. Bei diesem erlangte er Kenntnisse in Finanzfragen und im Führen von Prozessen.

Ein bevorzugtes Thema der zeitgenössischen Satiren und Schmähschriften waren die Liebeshändel des Regenten, dem man ein inzestuöses Verhältnis mit seiner Tochter, der Duchesse de Berry, nachsagte. Einige Verse darüber schrieb man Arouet junior zu. Er wurde aus Paris verbannt. Sein Domizil durfte er selbst wählen: Er zog auf den Landsitz des Herzogs de Sully, eines Freundes seines Vaters – eine bemerkenswert milde Strafe. Um die Gnade des Regenten zurückzuerlangen, schrieb er ihm einen ergebenen Schmeichelbrief, in dem er ihn u. a. als einen Liebling der Götter bezeichnete. Aber dann, 1717, wurde ihm ein Spottgedicht zugeschrieben, das gar nicht von ihm, sondern von einem Dichter namens Lebrun stammte, so dass er zum ersten Mal in Haft genommen wurde.

In der Bastille arbeitete er an seinem Drama *Oedipe*. Nach dem vergleichsweise kurzen Zeitraum von elf Monaten kam er aufgrund der Fürsprache des Herzogs de Sully wieder frei. Da er nicht zum Advokaten zurückkehren, sondern eine Karriere als Schriftsteller beginnen wollte, bot er seinen *Oedipe* der Comédie Française an. Ein Erfolg. Während der 25 Aufführungen war es eine besondere Attraktion, wenn der Autor die Schleppe des Hohepriesters trug und dem Publikum Grimassen schnitt. Das war 1719, und es war das erste Werk des Autors, das mit »Monsieur de Voltaire« gezeichnet war, einem Anagramm aus Arouet l. j. mit Adelstitel.

1723 erkrankte Voltaire an der Pockenepidemie, die Paris in diesem Jahr heimsuchte. Er verfasste ein klassisches Versepos, das er dem Regenten widmen wollte, aber es kam anders: Mit dem Tod von Philippe d'Orléans 1723 und dem Machtantritt Königs Ludwig xv. kehrte man zu den alten Verhältnissen der absolutistischen Monarchie zurück.

1726 lieferte Voltaire sich einen feindlichen Wortwechsel mit dem Chevalier de Rohan, in dessen Folge er von Rohans Dienern mit Stöcken verprügelt wurde, während Rohan danebenstand und meinte, man solle nicht so fest auf den Kopf schlagen, es könnte noch etwas darin sein. Voltaire wollte sich rächen, wurde aber zum Schutz Rohans zum zweiten Mal in die Bastille gesperrt. Der vorher so hilfreiche Sully stand nun jedoch auf der Seite seines Standesgenossen Rohan und half Voltaire nicht. In einem Brief des Kardinals de Fleury, Minister Ludwigs XV., vom 8. Februar 1726 kann man anlässlich des Streits mit Rohan lesen: »Voltaire ist ein Verrückter, dem irgendwelche Herzöge und Edelleute den Kopf verdreht und aufsässig gemacht haben.« Voltaire fand Ruhe und Zeit, sein im 18. Jahrhundert berühmt gewordenes Versepos *La Henriade* zu vollenden, in dem er den französischen König Henri IV. als den tolerantesten der bisher dagewesenen Könige Frankreichs rühmt. Gleichzeitig ließ er den Namen Sully daraus verschwinden, Vorfahr seines bisherigen Helfers, der immerhin der Kanzler Henris gewesen war und der nicht unbeträchtlich teilhatte an dessen Politik. Schließlich bat

Voltaire, nach England ins Exil gehen zu dürfen, was ihm genehmigt wurde. Dass er weiterhin unter argwöhnischer Beobachtung der Obrigkeit stand, geht aus einer Polizeinotiz vom 1. Januar 1748 hervor: »Geistig ein Adler, von Gesinnung eine äußerst üble Person.«

In England hatte nach der Herrschaft Cromwells und der *Glorious Revolution* 1688 Wilhelm III. von Oranien eine konstitutionelle Monarchie eingerichtet, in der das Parlament die vom König auszurufenden Gesetze bestimmte. Die wichtigen politischen Gruppen waren die Tories, Vertreter der Grundbesitzer und des anglikanischen Klerus, und die Whigs, Vertreter des Bürgertums und Befürworter der Freiheit des Glaubens. Die politische Entwicklung ging mit der Entwicklung der englischen Aufklärung einher, die ein großes Vorbild war für die »freien Denker« und »starken Geister« Frankreichs. Tatsächlich hörte man im Frankreich des großen Ludwig XIV. wenig von England. Es gab ein paar Informationsquellen wie die *Lettres sur les Anglais et les Français* von Béat Louis de Muralt oder die Briefe von Charles de Saint-Évremont, der seit 1670 in England im

Exil lebte, aber allzu viel wusste man nicht von den grundstürzenden Erkenntnissen eines Bacon, Locke oder Newton.

Voltaire wurde von seinen englischen Freunden, die er schon in Paris kennengelernt hatte, insbesondere von Lord Bolingbroke, in die Aristokratie und die politischen Kreise Englands eingeführt, wo er nicht nur seiner dichterischen Begabung wegen interessant gefunden wurde, sondern auch, weil er in der Bastille gesessen hatte. Hier machte er die Bekanntschaft mit Pope, Swift und Congreve.

Unter der Protektion Georges II. erschien 1728 eine Ausgabe der *Henriade*. Ein großer Erfolg, besonders in finanzieller Hinsicht. Ende desselben Jahres kehrte Voltaire nach Frankreich zurück, zunächst nach St. Germain-en-Laye vor Paris, dann in die Hauptstadt selbst. Dort bemühte er sich, die inzwischen seinem älteren Bruder Armand abgetrotzten 150 000 Livres aus der Erbschaft des 1722 verstorbenen Vaters zu vermehren. Von Voltaires Geldgeschäften sind bis heute z. B. seine Aktienteilhaberschaften und sein Coup in der Lotterie bekannt. Deren neuer Direktor Michel Robert Le Peletier Desforts hatte ein neues

System eingeführt, bei dem man, wenn man alle Lose kaufte, alles gewinnen musste. Voltaire erkannte das, ließ sich beim Durchrechnen helfen und organisierte den Kauf. Mit einer ganzen Teilhabergruppe knackte er den Jackpot.

»Es waren die Subskriptionen für *La Henriade*, die ihn reich zu machen begannen«, schreibt sein Biograph Jean Orieux, »aber das war nur ein Anfang, ein gutes Auskommen, aber nicht der Reichtum, der ihm erlaubte, nach seinem Geschmack zu leben, das heißt wie seine Freunde, die vornehmen Herren. Nach seiner Rückkehr aus England legte er sein Kapital bei einer Handelsgesellschaft in Cádiz an, die die Schiffe nach Westindien ausrüstete und ihm 25 % brachte. Durch die Herren Pâris-Duverney hatte er die Aufsicht über die Ausrüstung der Armeen erhalten, ein Geschäft, das ihm 100 % einbrachte. Was das Übrige betrifft, so ließ unser Dichter seine Einkünfte nie ungenutzt. Er lieh Privatleuten. Alle sind Leute von Stand.« Orieux lässt eine Liste von 20 Kreditnehmern folgen, angefangen mit der Stadt Paris und mit der Armee für Lebensmittel in Flandern über ein paar hochadelige Personen bis zu einem Vertrag mit der Königlichen Lotterie, was ihm

im Jahr 1749 unter dem Strich 74 000 Livres ein-
bringt. Weil er sich bei Hof nicht hinreichend geehrt fühlte, holte er bei Ludwig xv. »die Erlaubnis ein, sein Amt als Gentilhomme de la Chambre
du Roi wieder zu verkaufen. Es existiert ein Brief
des Königs, der ihm diese Erlaubnis gibt, indem
er ihn gleichzeitig autorisiert, den Titel zu behalten. Ein Zeichen besonderer Gunst, denn Voltaire
hatte das Amt nicht gekauft«, schreibt Orieux.

Die Dichter und Künstler der absoluten Monar-
chien lebten anders als die heutigen. Sie brauchten
Mäzene und Protektoren, um in Ruhe arbeiten
zu können. War der Mäzen ein Despot, mussten sie sich darein fügen, und es schadete ihrem
Ansehen – zumindest in unseren Augen. Voltaire
hat sich nach und nach aus diesem Dilemma
befreien können. Mit seinem Geschäftssinn und
seinen finanziellen Erfolgen machte er sich unabhängig. Er konnte für alle möglichen Belange
seine Stimme erheben. Heute würde man ihn als
engagierten Intellektuellen bezeichnen, als einen,
der sich einmischt, wenn er etwas bemerkt, das
seiner Meinung nach nicht rechtens ist. Das war
damals nicht nur keine definierte Rolle, Voltaire

ist einer von denen, die sie geschaffen haben. Europaweit berühmt wurde die Affäre Calas, ein Justizmord, bei dem die Willkür der Richter, angetrieben von einem Eiferer in Glaubenssachen, die Folter mehrerer Menschen und den qualvollen Tod eines harmlosen Familienvaters bewirkte. Voltaire recherchierte den Fall über Monate, ließ die damals Beschuldigten geradezu bespitzeln und setzte zuerst Geld und dann seine Beziehungen ein, um Gerechtigkeit walten zu lassen. Noch nicht einmal der König hatte die Macht, das Urteil wenigstens als Unrecht bezeichnen und kassieren zu lassen. Der Fall machte in den 1760er Jahren Furore, Voltaire galt spätestens ab da als der Anwalt der Unterdrückten.

Als er nach England ging, hatte Voltaire schon drei Tragödien verfasst, und sein Epos *La Ligue* war mit bemerkenswerten 2000 Exemplaren aufgelegt worden. 1733, ein Jahr bevor die *Briefe aus England* erschienen, waren es fünf Tragödien, wobei *Zaïre* wiederum ein großer Erfolg war, und sein historisches Werk von der *Geschichte Karls XII., Königs von Schweden* fand – in Form einer ablehnenden Kritik aus deutscher Sicht – Beachtung über Frankreichs Grenzen hinaus. Wenn also die *Lettres philosophiques* einen Markstein darstellen, dann nicht, weil sie ihn bekannt gemacht hätten, sondern weil sie ihn als Mitinitiator, aktiven Teilnehmer und Antreiber der europäischen Aufklärung zeigen. Dass es für ihn tatsächlich ein Beginn war, lässt sich daran erkennen, dass Voltaire an diesem Text zeitlebens weitergewoben hat, immer wieder, wenn eine neue Ausgabe anfiel – sechzig Werkausgaben hat er immerhin erlebt. Davon gelten die Ausgaben der 1750er Jahre als maßgeblich für die heutigen Editionen der *Briefe aus England,* auch wenn sie dem ursprünglichen Werk, wie es hier präsentiert wird, nicht mehr in allem entsprechen. Mal hat er daran etwas geändert, mal hat er seine Formulierungen zugespitzt, mal sind es die Fortschritte in Wissenschaft und Technik, die eine Aktualisierung erforderten. Seit dem 18. Jahrhundert haben sich Wissenschaft und Technik aber so grundlegend geändert, dass wir getrost die erste Version in ihrer Historizität als Vorlage verwenden können.

Andererseits hat er Passagen dieser *Briefe aus England* in spätere Werke übernommen, z. B. die letzten Zeilen des ersten Briefs über die Quäker in den Artikel »*Guerre* – Krieg« seines *Diction-naire philosophique* (1764) – der sich liest wie die Aussagen heutiger Wehrdienstverweigerer. Der Text von 1734 hat also eine gewisse Gültigkeit für »den ganzen Voltaire«. Und er enthält auch schon, was seit Voltaire, womöglich auch durch Voltaire, bis heute seinen Stellenwert behalten hat: die Bedeutung der Naturwissenschaften jenseits religiöser Vorbehalte, der Religions- und Meinungstoleranz sowie des offenen Handels für das Wohl jeder Gesellschaft.

Diese *Briefe* sind eine Momentaufnahme des intellektuellen Status Quo ihres Autors. Die laufenden Veränderungen über die Jahre und Jahrzehnte, die anhaltende Auseinandersetzung mit den Gedanken Pascals, die zu zwei kom-plett unterschiedlichen Versionen des 25. Briefs geführt hat, zeigen, dass Voltaire hier eine Reihe von Gedanken publizieren wollte, die ihm wich-tig waren. Seiner Eile und Spontaneität entspricht wiederum die lockere Form des Briefs, für die es bereits Vorbilder gab. Blaise Pascal hatte in seinen *Lettres écrites à un provincial* oder *Let-tres provinciales* schon 1657 ein Beispiel gegeben für diese publizistische Form. 1721 veröffentlichte

Montesquieu seine *Lettres persanes,* scheinbare Berichte zweier reisender Perser in ihre Heimat, in denen sie von einigen merkwürdigen Sitten der Europäer schreiben. Möglicherweise fand Voltaire hier ein Vorbild bei der Entscheidung, wie er seine Gedanken, seine Essaysammlung über das viel fortschrittlichere Denken in England darlegen, wie er seine Polemik gegen die in Frankreich dominante katholische Kirche mit ihrer Inquisition und ihrer scholastischen Philosophie anlegen wollte. Dass die gelegentliche Anrede an einen Adressaten (»Sie wissen, mein Herr«) schon damals als nicht so gemeint erkannt wurde, zeigt die deutsche Übersetzung von 1747. Da heißt es lapidar: »Es ist allgemein bekannt …«

In der englischen Ausgabe von 1733 wie in der deutschen Übersetzung von 1747, der die englische Ausgabe wohl zugrunde lag, ist der 25. Brief eine Replik auf die Kritik, die Voltaires *Geschichte Karls XII., Königs von Schweden* von deutscher Seite bekommen hatte: »Von dem Brand der Stadt Altona«. Da geht es um eine angebliche Fehlinformation in Voltaires Buch. Voltaire schreibt, es sei seine Schuldigkeit als Autor, darauf hinzuweisen und demjenigen, der ihn korrigiert, zu danken. In dieser Lage befinde er sich nun. Nur: »Der Verfasser des wider mich geschriebenen Briefes ist allein zu tadeln, dass er mir Schuld gibt, ich hätte die Stadt Hamburg mit ausdrücklichen Worten für schuldig erklärt; er hätte einen Unterschied machen müssen zwischen einer Meinung, welche ich nur als einen ungewissen Ruf angeführt habe, und einer Bejahung, die er mir zuordnet. Wenn ich wirklich gesagt hätte, die Stadt Hamburg hat den Untergang der Stadt Altona erkauft …« – dann hätte er, Voltaire, um Verzeihung bitten wollen, schließlich sei es keine Schande, etwas zurückzunehmen, wenn man sich getäuscht habe. Und da er schon dabei ist, sich gegen Kritik zu verwahren, weist Voltaire die Beschuldigungen des Dichters Jean-Baptiste Rousseau zurück, der sein Trauerspiel *Zaïre* der Gottlosigkeit zeihe: »Dieser Autor so vieler gottloser Werke wirft mir öffentlich vor, ich hätte gegen die Religion wenig Ehrfurcht bezeiget, in einem Trauerspiel, welches mit Genehmhaltung der tugendhaftesten Obrigkeit aufgeführt und von Ihro Eminenz dem Herrn Kardinal von Fleury gelesen worden und welches man anjetzt schon in einigen

Ordenshäusern vorstellt. Man wird mir die Ehre erweisen und glauben, dass ich mich nicht so weit herunterlassen werde, dem Poeten Rousseau zu antworten.« Dass er gewissermaßen dies und das in diesen Briefen unterbringt, weist dies Werk als eine Art Transportmittel für all das aus, was Voltaire an die Öffentlichkeit bringen wollte.

Voltaire ist Philosoph im Sinne seiner Zeit, so, wie d'Alembert es 1763 einleitend in der *Encyclopédie* darstellt, dem bedeutenden Monumentalwerk der europäischen Aufklärung. Philosophie umfasst eine Reihe inzwischen selbständig gewordener Naturwissenschaften wie Physik, Biologie und Chemie, die Geisteswissenschaften und die Schriftstellerei. In der deutschen Übersetzung von 1747 steht statt Philosoph »Weltweiser« – Descartes und Locke sind bis heute »Philosophen« geblieben, Newton ist ein »Naturforscher«, aber das naturwissenschaftliche Werk, in dem er von Gravitation und Gravitationsgesetz schreibt, heißt *Philosophiae Naturalis Principia Mathematica.*

Voltaires Briefe zeigen uns, wie weit die Wissenschaften und die zivilisatorische Entwicklung

Westeuropas im ersten Viertel des 18. Jahrhunderts gediehen waren, und er geht auf aktuelle Fragen des Glaubens, der Literatur und der Philosophie ein. So war Anfang des 18. Jahrhunderts der Streit zwischen den nach dem spanischen Jesuiten Molina »Molinisten« genannten Jesuiten und den Jansenisten, deren Begründer Cornelius Jansen gegen die Jesuiten opponiert hatte, noch in vollem Gang. In Klarheit ausformuliert findet sich dieser Streit in den erwähnten *Lettres écrites à un provincial* von Pascal, der der Jansenisten-Bewegung von Port Royal, einem Frauenkloster bei Versailles, angehört hatte. Die Jansenisten hatten u. a. die Sündhaftigkeit des Menschen zum Ausgangspunkt ihrer Betrachtungen gemacht. Vor allem hatte sich Pascal gegen den jesuitischen Probabilismus gewandt, der zum einen erlaubte, Gesetze des Glaubens je nach Situation auszulegen. Zum anderen gehörte es zu den Wahrscheinlichkeitsstandpunkten des Probabilismus, dass auch erwiesenes Wissen nur Wahrscheinlichkeitswert habe, da das Wahre nicht erkennbar sei – genau die Haltung, gegen die Voltaire in diesem Buch ausdrücklich vorgeht, weil sie aus Voreingenommenheit und zum Erhalt eigener

Macht mit Hilfe von Vorurteilen Erkenntnis verhindert.

Das Ergebnis des Streits zwischen Jesuiten und Jansenisten war 1713 die Bulle *Unigenitus* gegen die Jansenisten, um deren Erlass Ludwig XIV. den Papst gebeten hatte. Daneben verbreitete sich die natürliche Religion der Aufklärer, der Deismus, bei dem Gott nach der Schöpfung nicht mehr in das Geschehen der Welt eingreift. Atheisten wie der Baron d'Holbach und Materialisten wie Julien de La Mettrie spielten erst später eine Rolle.

In der klassisch gewordenen Ausgabe der *Lettres philosophiques* besteht der 25. Brief aus 57 Anmerkungen zu den *Gedanken* von Blaise Pascal. Darin setzt Voltaire seinen Optimismus gegen Pascal (X und XI), er wendet sich gegen eine Vermischung des Glaubens mit Feldern der Theorie, z.B. mit der Philosophie (II und V), und gegen die Idee, man könne Gottes Existenz beweisen: »Lasst uns Gott verehren, ohne in seine Geheimnisse eindringen zu wollen« (XII). Gegen Pascals Mystik stellt er seine am Nutzen orientierte Auffassung des Glaubens (XXII, XXIII, XXIV und LI). Der Glaube an eine höhere Ordnung, auch wenn man sie nicht durchschaue, sei unabdingbar für den Fortbestand der menschlichen Gesellschaft. Voltaire interessiert sich für den praktischen Aspekt: Welchen Zweck hat eine Idee, und wie ist sie mit Nutzen verwendbar; die Philosophie wird der Moral untergeordnet. »Das Wohl der Menschheit erfordert, dass der Mensch glaubt, frei zu sein, und wenn der Fatalismus Wahrheit wäre, dann wollte ich solch eine grausame Wahrheit nicht.«

In der Philosophie herrschten drei konkurrierende Strömungen: die Scholastik, Descartes' und Newtons Philosophie. Die scholastische Philosophie stützt sich vor allem auf Thomas von Aquin. Ihre »verborgenen Eigenschaften« sind unhinterfragt, denn alles ist von Gott bestimmt. Descartes hat mit seinem methodischen Zweifel, ausgehend von dem berühmten Satz: »Ich denke, also bin ich«, den von der philosophischen Souveränität der Vernunft überzeugten modernen Rationalismus begründet, der zum Ausgangspunkt der Philosophie der Aufklärung wurde. Die menschliche Vernunft wird zum Maßstab, so dass Konzepte der Metaphysik ihre Gültigkeit verlieren. Während bei Descartes die Ideen eingeboren sind (Brief 13), kommen sie bei Bacon, Locke und Newton über die Sinne. Bei seinem Aufenthalt in England wurde Voltaire zum Anhänger von Newton – an dessen Beisetzung er 1727 teilnahm – und seiner Naturwissenschaft. Er bewunderte die Vorstellung, dass das ganze Universum aufgrund des einen Gesetzes der Anziehungskraft zusammengehalten wird, und den Geist, der in der Lage war, das zu erfassen.

Darüber hinaus bewunderte Voltaire die Anerkennung, die Philosophen und Schriftsteller in England genossen, die Freiheit, mit der man politische Fragen erörterte, das Ansehen der Handelsleute und dass Handel und Wissenschaft den Fortschritt des gesellschaftlichen Wohlstandes bewirken konnten – darin war er ganz französischer Bürger, der aufsteigen und vom Adel als gleichberechtigt anerkannt werden will, einem Adel, dessen einzelne Vertreter mit ihm befreundet sein können, den er aber als Klasse ablehnt.

Wie sehr Voltaire mit seinen Ansichten seiner Zeit voraus gewesen ist, erweist sich ein weiteres Mal an der bereits zitierten zeitgenössischen deutschen Übersetzung. Da wird immer wieder kritisch Stellung genommen. Inzwischen ist von Voltaires Darstellung der Naturwissenschaften vieles überholt, und der Herausgeber der französischen Klassikerausgabe nennt z.B. die Ausführungen im 15. Brief *»confuses«*. Aber Voltaires Begeisterung ist mitreißend geblieben, die religionsbezogenen und die philosophischen Ansichten sind auch für uns noch einleuchtend, z.B., dass es verdächtig ist, wenn eine philosophische These zu einfach ist: »In der Philosophie muss man allem misstrauen, was man leicht zu verstehen meint, genauso wie dem, was man nicht versteht« (Brief 15). Das hat Voltaire auch noch später, in seinem berühmtesten Werk, dem Roman *Candide,* vertreten, wo Leibniz' Theorie, alles sei durch Gottes Willen zum Besten bestellt, ad absurdum geführt wird, mit dem Fazit, man solle besser nur den eigenen Garten bestellen. In *Candide* skizziert er ebenfalls die philosophischen Modelle seiner Zeit, er geht sie Stück für Stück, Kapitel für Kapitel durch wie in den *Briefen aus England.* Was er in den philosophischen Briefen noch essayistisch seriös bekämpft hat und im Zusammenhang als Gedanken der Scholastik oder anderer älterer Philosophen beschrieben hat, verdeutlicht er hier anhand von Beispielen, deren Abwegigkeit er grotesk hervorhebt: Dass der Mensch eine Nase habe, damit er eine Brille tragen könne, ist erkennbar eine Veralberung. Ebenso könnte dem heutigen *Candide*-Leser einiges sonst als satirische Erfindung vorkommen, z. B. das große Autodafé (portugiesisch: »Handlung des Glaubens«) in Lissabon, bei dem nach dem verheerenden Erdbeben von 1755 zur Verhinderung weiterer Erdbeben ein paar Menschen verbrannt werden sollen, doch eine solche Menschenverbrennung fand am 20. Juni 1756 tatsächlich statt.

Mit Pascal hat sich Voltaire sein ganzes Leben lang auseinandergesetzt. Bereits wenige Jahre nach diesen Briefen publizierte er weitere 16 Anmerkungen zu Pascal, und auch 1777 veröffentlichte er noch einmal 94 Anmerkungen in einer Pascal-Ausgabe, die der Aufklärer Condorcet veranstaltet hatte. In seiner Vorbemerkung schreibt Voltaire: »Von all den ewigen Streitern überdauert einzig Pascal, denn er allein war ein Mann von Genie; er steht noch immer aufrecht auf den Trümmern seines Jahrhunderts.«

Pascals *Gedanken* haben eine einzigartige Editionsgeschichte durchgemacht, die ihren Einfluss auch auf Voltaires 25. Brief gehabt hat. Pascal hatte mehrere Bündel mit aberhundert Zetteln und Blättern hinterlassen, auf die er seine Gedanken notiert hatte. Die gedruckten Ausgaben dieser Notizen waren von Anfang an dem Gutdünken ihrer Herausgeber unterworfen und erschienen seit der ersten Ausgabe im 17. Jahrhundert in immer wieder anderer, veränderter oder gekürzter Form. Auch entsprechen die Zitate Voltaires nicht dem Text der Pascal-Ausgabe, die heute allgemein als Referenz Verwendung findet. Um also die Zuordnung zu gewährleisten, sind die in diesem »25. Brief« von Voltaire zitierten Stellen mit der Nummer versehen, die der des Herausgebers Léon Brunschvicg entspricht und die auch der deutsche Pascal-Übersetzer Ewald Wasmuth übernommen hat. Dessen Übersetzung ist für diese Ausgabe weitgehend berücksichtigt worden, an manchen Stellen allerdings war die Abweichung des von Voltaire zitierten Textes von Pascals Original zu stark, so dass neu übersetzt werden musste. Andere Texte, auf die sich Pascal bezieht, waren Voltaire bekannt, so dass er gelegentlich auf mehr antwortet, als bei Pascal im Original zu lesen ist. Zudem hat Voltaire seine Zitate aus den *Gedanken* von Pascal gelegentlich entweder umformuliert oder undeutlich diktiert, oder er hatte eine andere Vorlage von Pascals Text: Der Vergleich mit der Pascal-Ausgabe von Brunschvicg zeigt das z. B. in der Nummer XIX, wo im Original Pascals steht: »Gott wäre ganz offenbar« – *bien manifeste,* während Voltaires Zitat lautet: »Gott wäre zu offenbar« – *trop manifeste.* In der anschließenden Entgegnung schlägt Voltaire einen spöttischen, etwas über-heblich auftrumpfenden Ton an wie gegenüber dem Quäker im ersten Brief. Voltaires einleitende Bemerkung, dass Pascal selbst viele dieser Ge-danken verbessert haben würde, weil er sie wohl aufs Geratewohl zu Papier gebracht habe, um sie im Anschluss genauer zu überdenken, klingt so hemdsärmelig, und die Reihung von Sätzen mit »Es ist sehr falsch« (Nr. VIII) wirkt so präpotent angesichts von Pascals Bedeutung, dass es den Wert von Voltaires Ausführungen beeinträch-tigt. Wie auch, dass er spätere Erkenntnisse von Newton oder Locke gegen Pascal ausspielt, was er bei einem Historiker bemängelt hätte (Nr. XXIII,

XLVII). Hat Voltaire hier einen Auftritt als junger Aufbegehrender? Ist es eine reine Auseinandersetzung, oder hat Voltaire diese Sätze Pascals herausgesucht und dabei auch seine besondere Regie geführt, um seine Position im Gegensatz zu einer vorhergegangenen klarzumachen, also seinen Menschheitsoptimismus gegen Pascals Pessimismus zu verdeutlichen?

Andersherum gewendet zeigt diese Auseinandersetzung Voltaires mit Pascal, was für eine beherrschende Stellung im Geistes- und geistlichen Leben Pascal im 18. Jahrhundert innehatte.

Bemerkenswert ist Voltaires Vorgehensweise insgesamt. Sie entspricht nicht immer unserem Begriff von objektiver Darstellung: Hinter der harmlosen Aussage, die Sekte der Sozinianer »sei noch zu klein, die Freiheit zu öffentlichen Versammlungen zu erhalten«, verbirgt sich deren Ausschluss vom Toleranzedikt 1689 und das Verbot von 1721. Auch die Gestalt des William Prynne (Brief 23) ist etwas komplexer, als es scheint, wie aus den zur Einsicht empfohlenen Protokollen hervorgeht. Voltaire verharmlost hier den politischen Terror (auch den der Star Chamber), weil es ihm gerade ins Konzept passt. Er will anhand des Falls Prynne die Kunstpflege darstellen und nicht ihre Begleiterscheinungen, die Voltaire, den späteren hochengagierten Anwalt der Freiheit und Bekämpfer der Unterdrückung, eigentlich noch mehr entrüsten müssten als die abstruse Kritik Prynnes, die im Übrigen ja zum Wohl der Könige gemeint war. Auch dass Prynne, ganz im Sinne Voltaires, den Klerus angriff und gegen die Exekution Charles' I. war, wird uns verschwiegen.

Voltaire schreibt nicht über die Quäker, weil er ihren Glauben teilt, und die Freude am Luxus, die Voltaire schon in der Schule kennengelernt hat, hält ihn auf Distanz zu den Predigern der Bedürnislosigkeit. Wenn er vom Besuch bei dem älteren, respektgebietenden Quäker berichtet und schildert, was es alles Gutes auf sich habe mit dieser Glaubensrichtung und vor allem mit der Toleranz, die diese Leute füreinander üben, dann kann er es doch nicht lassen, ironische, abschätzige oder belustigte Bemerkungen einzuflechten, also den Quäker mit seiner profunden Ernsthaftigkeit ein bisschen lächerlich zu machen und ihn ästhetisch ins Unrecht zu setzen.

Die Quäker entsprechen nicht dem Geschmack

der höfischen Edelleute des französischen Ro-
koko, aber sie sind ein Beispiel für Religionsviel-
falt und für Toleranz, und die Gedankenfreiheit
des William Penn entspricht den Idealen der Aufklärung, wie wir sie heute begreifen.

Die etwas eigenwillige Regieführung bei der
Verwendung von Tatsachen, sein Hang, Possen
zu reißen bei der Erörterung ernsthafter Dinge,
mit denen er sich gründlich befasst hat, oder
aber gesellschaftliche Geschmacksnormen über
Fragen der Weltanschauung zu stellen, führt zu
einem Aspekt Voltaires, der dem des Rationalis-
ten nicht entspricht: Er agiert immer wieder nicht
so, wie wir es uns bei ihm vorstellen möchten.
Auch objektiv liegt darin ein Widerspruch: Dass
er im Wissen, wie es den afrikanischen Sklaven
in der Neuen Welt erging, Anteile von Handels-
gesellschaften besitzt, die Sklavenhandel treiben,
dass er gegen den Krieg schreibt, aber an der
Armee Geld verdient, oder dass er beim Thema
Pockenimpfung den Handel mit Mädchen nicht
explizit ablehnt, sondern lieber mit einer Doppel-
deutigkeit die Gelegenheit für einen Seitenhieb
gegen die katholische Kirche nutzt (Brief 11) – das
kann uns genauso irritieren wie seine pauschale

Ablehnung der Juden, die er anhand der Darstellungen des Alten Testaments als grausame Barbaren bezeichnet und wegen ihres Festhaltens am eigenen Glauben (wofür sie mit materiellen und körperlichen Schikanen von Folter und Enteignung bis zur Tötung bestraft wurden) zu Fanatikern erklärt. Dabei urteilte Voltaire nach Texten; zu seiner Zeit waren die Juden – von wenigen Enklaven abgesehen – weitgehend aus Frankreich vertrieben. Für uns heute ist der Blick auf diesen Aspekt geprägt durch den allgemeinen europäischen Antisemitismus des 20. Jahrhunderts, wir stehen, wenn wir darüber reden wollen, im Eindruck des Holocaust. Darum ist es für die Einschätzung Voltaires vielleicht hilfreich, auf Stimmen zu hören, die davon nicht beeinflusst waren. In seinem Vortrag »Voltaire und die Juden« hat Wilhelm Klemperer, Prediger der jüdischen Reformgemeinde zu Berlin, 1894 Voltaires gesammelte Vorurteile und üble Anschuldigungen gegen »die« Juden wiedergegeben, und doch kommt er zu dem Schluss, man solle nicht vergessen, dass Voltaire »unter den Werkmeistern, die die Fundamente der Humanität tief hineingesenkt in Herz und Geist, trotz seiner mehr als bedenklichen Charakterschwächen ein Ehrenplatz eingeräumt werden« müsse: »Sturmwinds Wirbel fegt die Straßen, / Staub und Kehricht mag er fassen, / Quadern muss er liegenlassen.«

Auf der anderen Seite der Zeitlinie, vor Voltaire, erklärt uns Montaigne in seinem Essay *Von der Unbeständigkeit unserer Handlungen*, dass wir Menschen uns doch bloß aus lauter unterschiedlichen Elementen zusammensetzen: »Weil der Ehrgeiz die Menschen Tapferkeit, Mäßigkeit, Freigebigkeit, ja selbst Gerechtigkeit lehren kann, weil Habgier im Herzen eines Ladenschwengels, der müßig hinter dem Ofen aufgewachsen ist, so viel Mut entstehen lassen kann, dass er sich weit von daheim in einem zerbrechlichen Schiff der Gewalt der Winde und Wellen anvertraut, und sie ihn noch dazu Klugheit und Vorsicht lehrt, […] darum kann uns ein vernünftiger Mensch nicht einfach nach unseren äußeren Handlungen beurteilen: Man muss bis ins Innere nachforschen und schauen, aus welchem Antrieb die Bewegung kommt.«

Voltaire ist Kind seiner Zeit und anhand seiner Zeit zu verstehen. Wenn er Begeisterte, Enthusiasten als Fanatiker ablehnt, dann meint er damit gleichermaßen die Quäker in ihrem Gottesdienst wie die jansenistischen Konvulsionäre von Saint-Médard und die gläubigen Juden, die nicht zum Christentum übertreten wollten. Nach seinen Kategorien ist Fanatismus das radikale und bedrohliche Gegenteil dessen, für das er stand und wofür er sich einsetzte. Ob es tatsächlich eine sarkastische Wendung ist, wenn er schreibt, dass die Gläubigen es sich irgendwann einmal lieber gutgehen lassen wollen, statt protestantische Askese zu üben, ist vielleicht nur unsere Lesart. Vielleicht ist es Voltaire damit ganz ernst: Dass der Mensch zufrieden leben soll, ohne sich zum Sklaven zu machen, weder zu dem eines Ritus noch zu dem der Priester eines Glaubens. Mit seiner Strategie ironischer Darstellung führt Voltaire seinen Leser immer wieder hinters Licht, da Ernst und Komik kaum voneinander unterschieden werden können. Das zeigt sich am besten in einem Stilmittel, einer Art Pirouette, in der nach einem längeren, ernsthaften Satzbeginn mit einer unerwarteten Wendung und einem kurzen Schluss alles zuvor Gesagte demoliert wird (Brief 4). Aber auch, wenn er sich ganz offensichtlich verstellt, so z. B. in der ironischen Zurückweisung im ersten und am Ende des fünften Briefs – oder wenn er gängige Vorurteile dazu benutzt, eine These zu untermauern – ein Prozedere, das wir auch später in *Candide* wiederfinden.

Das sind Widersprüche, mit denen wir bei Voltaire zurechtkommen müssen. Und vielleicht bedurfte es eines solchen kontradiktorischen Naturells, um derart durchschlagend aufzubegehren gegen ein festgefügtes und als gottgegeben gültiges System, in dem die Vertreter Gottes selbstverständlich Macht, Einfluss und damit auch Wohlstand in Anspruch nahmen. Voltaires Aufbegehren hängt zusammen mit dem emanzipatorischen Aufstiegsstreben des Bürgers, zumal die Vertreter des Klerus ja oft genauso Aufsteiger waren. Dazu kamen sein aufbrausendes Temperament, die Impulsivität in Verbindung mit seiner intellektuellen Überlegenheit und seinen humanitären Anliegen gegen die autoritäre und brutale Welt der absolutistischen Monarchie, seine Lust am Prozessieren und seine Fähigkeit, sich auch mit banalen Zwistigkeiten abzugeben, um an große Fragen heranzukommen. Das hat er mit seinem Einsatz für eine ganze Reihe von Justizopfern gezeigt. Weil er reich war, hatte er den langen Atem, sein Ziel zu verfolgen, ohne mürbe zu werden. Voltaire hat so, als erster engagierter Intellektueller, ein Zeichen gesetzt, das über Émile Zola und Jean-Paul Sartre bis zu uns hinleuchtet. Dass das Jahrhundert der Aufklärung in Frankreich als »siècle de Voltaire« bezeichnet wird, hat seinen Grund.

Vielleicht sollten wir Voltaire so beurteilen, wie er es – am Beispiel der Aussage Lord Bolingbrokes über den Herzog von Marlborough (Brief 12) – mit anderen halten will: nach der Bedeutung dessen, was sie bewirkt haben. Und da sieht man dann den alles Unbrauchbare übergehenden Handarbeiter und Verbreiter der Aufklärung, der sich mit den philosophischen, religiösen und naturwissenschaftlichen Strömungen seiner Zeit im Detail auseinandersetzt, der sein Verlangen nach geistiger Freiheit und seinen Glauben an den Fortschritt vorträgt und in dessen erstem philosophischen Werk, den Briefen aus England, bereits die Philosophie seiner späteren Arbeiten angelegt und angedeutet ist. Der sich gegen Vorurteile und Vorbehalte wendet, sei es der jansenistische Pessimismus, demzufolge allein der Glaube Sicherheit bietet und alle empirische Erfahrung wertlos ist, seien es die großen philosophischen oder religiösen Systeme mit ihrem rigorosen Anspruch auf Allgemeingültigkeit, und der stattdessen annimmt, dass es zwar keine metaphysische Gewissheit geben kann, dass aber die Vernunft dem Menschen jenseits des messbaren Wissens praktische und gesellschaftlich nützliche Wahrscheinlichkeiten bietet. Dessen Begeisterung für die Aussichten auf Erkenntnisgewinn mit Hilfe der Naturwissenschaften immer noch so ansteckend ist wie sein menschlicher Optimismus, nämlich, dass der Mensch zwar beschränkt sein mag, aber nicht verzweifeln soll über seine Beschränktheit, dass es vielmehr seine Bestimmung sei, aus dem Leben auf Erden das Beste zu machen, und dass ihm das oft genug gelingt.

Bibliographische Angaben

Voltaire, Briefe aus England

Letters concerning the English Nation. By Mr. de Voltaire, London 1733

Lettres écrites de Londres sur les Anglais et autres sujets par M. de V***, à Bâsle, London 1734

Lettres philosophiques. Par M. de V***, à Amsterdam, Rouen 1734

Sammlung verschiedener Briefe des Herrn von Voltaire die Engelländer und andere Sachen betreffend, aus dem Französischen übersetzet und mit einigen Anmerkungen begleitet von N**, Jena 1747

Andere

Die von Voltaire ausgesuchten Zitate englischer Autoren sind, soweit nicht anders vermerkt, von Rudolf von Bitter übersetzt. Nur bei *Hamlet* haben wir den englischen Originaltext zitiert und daneben Voltaires Übersetzung gesetzt, übertragen aus dem Französischen, um anschaulich zu machen, wie frei er tatsächlich übersetzt hat.

NICOLAS BOILEAU-DESPRÉAUX, *Des berühmten Poeten Nicolas Boileau-Despréaux Satyrische Gedichte,* aus dem Französischen von Caspar Abel, Goslar 1729

CHARLES DORSET, *The Works of the Earls of Rochester, Roscommon and Dorset,* London 1721

WILHELM KLEMPERER, *Voltaire und die Juden,* Verlag des Bibliographischen Bureaus, Berlin 1894

MICHEL DE MONTAIGNE, *Essais,* aus dem Französischen von Johann Daniel Tietz, Leipzig 1753, Erster Teil, Diogenes Verlag, Zürich 1992

JEAN ORIEUX, *Das Leben des Voltaire,* aus dem Französischen von Julia Kirchner, Insel Verlag, Frankfurt/Main 1978

BLAISE PASCAL, *Pensées et opuscules,* hg. v. Léon Brunschvicg, Hachette, Paris 1909

BLAISE PASCAL, *Über die Religion und über einige andere Gegenstände (Pensées),* aus dem Französischen von Ewald Wasmuth, Insel Verlag, Frankfurt/Main 1987

ALEXANDER POPE, *The Rape of the Lock*, London 1712, 1714, 1717, deutsch: *Der Lockenraub*, aus dem Englischen von Rudolf Alexander Schröder, Insel Verlag, Frankfurt / Main 1968

EDMUND WALLER, *Upon the death of our Lord Protector*, in *The Poetical Works of Edmund Waller*, Band 1, London 1806

JOHN WILMOT, zweiter Earl of Rochester, »Die Satire gegen die Vernunft und den Menschen« ist zitiert aus *Der beschädigte Wüstling: Satiren, Lieder und Briefe*, aus dem Englischen von Christine Wunnicke, Männerschwarm Skript Verlag, Hamburg 2005

Personenverzeichnis

A

JOSEPH ADDISON (1672–1719), englischer Dichter. Seine 1713 uraufgeführte Tragödie *Cato* bezeichnete Voltaire als die einzige durchweg gut geschriebene englische Tragödie. Brief 18, 23, 24

ALEXANDER DER GROSSE (356–323 v. Chr.), König von Makedonien. In der Folge seiner ausgedehnten Eroberungszüge entwickelte sich der Hellenismus. Siehe auch Diogenes von Sinope. Brief 6, 12, 25L

ANAXAGORAS (499–428 v. Chr.), griechischer Philosoph, Vorsokratiker. Lehrer und Berater des Perikles, beeinflusste den Tragödiendichter Euripides. Hielt die Vernunft für Prinzip und Motor aller Dinge. Sie bestehe in den Dingen, mische sich jedoch nicht mit ihnen. Sah die Luft als *den* Urstoff an. Als Mathematiker suchte er nach der Quadratur des Kreises. Brief 12, 13

ANNE STUART (1665–1714), Tochter James' II., folgte
1702 Wilhelm von Oranien auf den Thron Englands, ab dem 1. Mai 1707 die erste Königin des
Königreiches Großbritannien. Anne war die letzte
des Hauses Stuart. Ihr Nachfolger war Georg I. von
Hannover. Brief 5, 24

APION (ca. 30 v. Chr.–ca. 45 n. Chr.), griechisch-ägypti-
scher Sophist, hellenistischer Grammatiker, bekannt
u.a. durch seine antijüdischen Texte und die Antwort des Flavius Josephus darauf. Apions Juden-
feindlichkeit bezog sich auf die Riten des Judentums. Flavius Josephus umschrieb das mit »Unser
Volksstamm aber blieb rein«. Brief 25 VIII

ARISTOPHANES (ca. 446–ca. 386 v. Chr.), griechischer
satirischer Komödiendichter. Brief 19

ARISTOTELES (384–322 v. Chr.), griechischer Philosoph,
Mitglied der Akademie Platos, Lehrer Alexanders
des Großen, Gründer der sogenannten ›peripateti-
schen Schule‹. Versucht, mit den zwei Grundprin-
zipien Stoff und Form die Welt zu erklären. Seine
Poetik war die Grundlage der zur Zeit Voltaires
gültigen Theaterregeln. Für die Scholastik ist er philosophische Autorität. Brief 12, 13, 15, 25 II

FRANÇOIS AROUET (ca. 1649–ca. 1722), königlicher Advokat, 1683 Notar, heiratete 1683 Marie Marguerite Daumard. Kinder: Armand (1685–1745), unverheiratet, fanatischer Jansenist, übernahm 1721 die Ämter seines Vaters, hinterließ einen *Recueil de convulsions* (»Sammlung von Krämpfen«), François Marie Arouet de Voltaire und Marie Arouet (1690–1726), verheiratet mit Pierre-François Mignot.

ARIUS (um 260–336), Priester aus Alexandria. Nach ihm »Arianismus«. Erklärte Gott für über dem Wort stehend und die Gotthaftigkeit Jesu für nicht gegeben. Brief 7

ATHANASIUS DER GROSSE (um 298–373), Patriarch von Alexandria, Kirchenvater. Trat für die Wesensgleichheit von Gott und Christus ein. Erreicht 325 die Verdammung des Arianismus auf dem Konzil von Nicäa. Brief 7

AUGUSTUS, eigentlich Gaius Octavius (63 v. Chr.–14 n. Chr.), Neffe Cäsars, erster römische Kaiser. Führte Expansionskriege, bewirkte im Inneren eine längere Friedensphase (*Pax Augusta*). Brief 1, 8

B

FRANCIS BACON (1561–1626), Baron von Verulam, englischer Staatsmann, Wissenschaftler und Philosoph.
1618–1621 Kanzler unter Jacob I. Bacons Hauptwerk, *Novum scientiarum organum,* erschienen
1620. Bacons *Essayes: Religious Meditations. Places
of Perswasion and Disswasion. Seene and Allowed*
erschienen 1597. Brief 12

ROBERT BARCLAY (1648–1690), Fürsprecher der Quäker, 1682–1688 nomineller Gouverneur der Quäker-
kolonie in New Jersey unter W. Penn. Verfasste die
Apologie der Quäker (1678), die Voltaire als Vorlage
für einige Details bei der Beschreibung der Quäker
diente. Brief 1, 3

PIERRE BAYLE (1647–1706), französischer Philosoph,
Skeptiker, beeinflusste mit seinem *Dictionnaire
historique et critique* die geistige Entwicklung des
18. Jahrhunderts. Brief 13, 21

SAMUEL BERNARD (1651–1739), französischer Finanz-
mann, finanzierte Frankreichs Beteiligung am Spanischen Erbfolgekrieg unter Louis XIV. Brief 24

ST. BERNARD: Wahrscheinlich nicht der heilige Bernhard von Aosta (1081), sondern Bernhard von Clairvaux (um 1090–1153), Kirchenlehrer, Zisterzienser (nach ihm auch Bernhardiner), beredter Prediger und Werber für den 2. Kreuzzug. Brief 13

JACOB BERNOULLI (1655–1705), Schweizer Mathematiker und Astronom, trug mit seinem Bruder Johann (1667–1748) entscheidend zur Einführung der Infinitesimalrechnung bei. Brief 15, 17

BOILEAU siehe Despréaux

LORD HENRY SAINT-JOHN, Viscount von BOLINGBROKE (1678–1751), Tory, Außenminister unter Königin Anne. Philosoph, Freund Voltaires. Voltaire schiebt gelegentlich Bolingbrokes Namen vor, wenn er etwas Gewagtes behauptet. Brief 5, 12, 24

BONAVENTURA (1221–1274), Scholastiker, seit 1257 General des Franziskanerordens. Hauptvertreter des Augustinismus (nach Augustinus von Hippo, 354–430) im 13. Jahrhundert. Brief 23

WILLIAM BROUNCKER (1620–1684), irischer Mathematiker, untersuchte Kettenbrüche und unendliche Reihen. Brief 17

LOUIS BOURDALOUE (1632–1704), Jesuit und berühmter Prediger am Hof Louis' XIV. Brief 22

GEORGE VILLIERS, erster Duke of BUCKINGHAM (1592–1628), englischer Diplomat und Staatsmann am Anfang des 17. Jahrhunderts. Günstling und Minister unter Jacob I. und Charles I.

GEORGE VILLIERS, zweiter Duke of BUCKINGHAM (1628–1687). Englischer Staatsmann, einflussreicher Minister unter König Charles II. Brief 21

GIOVANNI-BATTISTA BUONONCINI (1670–1747), italienischer Cellist und Komponist. Brief 19

MARCUS IUNIUS BRUTUS (85–42 v. Chr.), römischer Politiker, Anführer der Verschwörung gegen Cäsar. Brief 23

SAMUEL BUTLER (1612–1680), englischer Verssatiriker, sein erfolgreiches komisches Epos *Hudibras* (1674) richtet sich gegen religiöse Sektierer. Brief 22

C

JEAN CALVIN (1509–1564). Der französische Reformator musste wegen seines protestantischen Glaubens Frankreich verlassen. Er begründete in Genf eine neue Form der protestantischen Kirche, den Calvinismus. Schloss sich an Luther an und richtete sich streng nach der Bibel. Brief 6, 7

CAROLINE VON BRANDENBURG-ANSBACH (1683–1737), Frau des englischen Thronfolgers George Augustus, Prince of Wales. Ab 1727 mit der Krönung Georges II. englische Königin. Brief 11

GAIUS JULIUS CÄSAR (100–44 v. Chr.); wurde 45 v. Chr.
   Alleinherrscher im Römischen Reich. Brief 8, 12, 15,
   23, 25 L

ABBÉ JACQUES CASSAGNE (1633–1679), Prediger und
   Dichter. Aufgenommen in die Académie Française
   wegen einer schmeichelhaften Ode auf die Académie Française. Brief 24

FRANÇOIS DE CASTAGNÈRES siehe Châteauneuf

MARCUS PORCIUS CATO, genannt der Ältere oder der
   Censor (234–149 v. Chr.), römischer Politiker und
   Schriftsteller. Vertreter des alten, sittenstrengen
   Römertums gegen den Hellenismus. Sein Name
   wird im klassisch gebildeten Frankreich bildhaft für
   Sittenstrenge und Selbstdisziplin verwendet. Brief
   6, 18, 19, 23

MIGUEL DE CERVANTES SAAVEDRA (1547–1616), spa-
   nischer Schriftsteller, Nationaldichter Spaniens.
   Sein Roman *Don Quijote* erschien 1605 und 1615.
   Brief 22

JEAN CHAPELAIN (1595–1674), französischer Dichter,
   Berater Richelieus in Fragen der Literatur. Brief 24

CLAUDE-EMMANUEL LUILLIER, genannt CHAPELLE
   (1626–1686), französischer Dichter, Freund Boileaus
   und Racines. Nach Ansicht des Kritikers Charles
   Augustin Sainte-Beuve (1804–1869) ein »zu oft be-
   trunkener Faulpelz«. Brief 20

CHARLES I. (1600–1649), König von England 1625–1649, absolutistischer Herrscher, Nachfolger Jacobs I. (vgl. Brief 12), regiert ab 1629 ohne Parlament. Ab 1641 Bürgerkrieg (gegen Cromwell), 1649 hingerichtet. Brief 8, 23

CHARLES II. (1630–1685), König von England 1660–1685. Während des Bürgerkriegs ging er 1646 ins Exil, zeitweilig begleitet von George Villiers, dem zweiten Duke of Buckingham. Mit ihm kehrten die Stuarts 1660, nach Cromwells Tod, wieder auf den Thron zurück. Brief 3, 4, 6, 18, 19, 21

CHARLES VI. (1368–1422), König von Frankreich 1380–1422, wurde 1392 wahnsinnig. Während seiner Herrschaft kam es in Paris zu Aufständen gegen die Steuern, nach 1392 stritten die Herzöge von Orléans und von Burgund um die Macht, und Adel und Bürgertum bekämpften einander. Brief 8

CHARLES IX. (1550–1574), Herzog von Orléans, König von Frankreich 1560–1574. In seine Regierungszeit fallen mehrere Bürgerkriege. Charles gab sein Einverständnis zur Bartholomäusnacht, dem Massaker an den französischen Protestanten (23./24. August 1572). Brief 8

FRANÇOIS DE CASTAGNÈRES, Abbé de CHÂTEAUNEUF (um 1650–1703), französischer Diplomat, Literat, Freigeist, Freund der berühmten Ninon de Lenclos und Pate Voltaires. Nachwort

GUILLAUME AMFRYE, Abbé de CHAULIEU (1639–1720), Autor leichter Poesie und Mitglied der freigeistigen *société du temple*. Brief 20

COLLEY CIBBER (1671–1757), Schauspieler, Theaterdirektor, Dramatiker. Wurde wegen seiner Adaptationen bzw. Plagiate von Werken Shakespeares und Molières kritisiert. Brief 19

SAMUEL CLARKE (1675–1729), englischer Philosoph. Unternahm Gottesbeweise mit Hilfe der reinen Vernunft. Führte 1715 und 1716 Diskussionen mit Leibniz über Raum und Zeit. Die beiden erwähnten Werke: *A demonstration of the being and attributes of God and other writings*, London 1705, und *Verity and certitude of natural and revealed religion*, London 1705. Brief 7, 11

CLEMENS ALEXANDRINUS, Clemens von Alexandria, Titus Flavius Clemens (um 150 – um 215), griechischer Theologe, Leiter der Katechetenschule von Alexandria. Bemühte sich, Christentum und griechische Philosophie in Übereinstimmung zu bringen. Brief 17

JACQUES COEUR (1395–1456), französischer Kaufmann, Finanzier und Minister. Brief 24

GUILLAUME COLLETET (1598–1659), Dichter, Mitbegründer der Académie Française. Brief 24

ANTHONY COLLINS (1676–1729), englischer Philosoph der frühen Aufklärung, Schüler und Freund von John Locke, Deist, forderte die Befreiung des Denkens vom Dogma. Brief 13

MARIE JEAN ANTOINE NICOLAS CARITAT, Marquis de CONDORCET (1743–1794), französischer Philosoph, Mathematiker, überzeugter Aufklärer und kultureller Neuerer der Moderne. Nachwort

WILLIAM CONGREVE (1670–1729). Seine erste, mit 23 Jahren geschriebene Komödie *The Old Bachelor* war ein beachtlicher Erfolg. Im Alter von 30 Jahren zog er sich mit einer üppigen Pension zurück. Brief 19, 23, 24

PIERRE CORNEILLE (1606–1684), neben Racine und Molière größter französischer Dramatiker des 17. Jahrhunderts; in Frankreich Schöpfer des klassischen Dramas. *La Mort de Pompée* stammt von 1643. Brief 18, 19, 23, 24

ABBÉ CHARLES COTIN (1604–1655), Prediger, galanter Dichter. Brief 24

PIERRE-FRANÇOIS LE COURAYER (1681–1776), katholischer Theologe. Erklärt 1723 die apostolische Folge der anglikanischen Kirche für gültig. Wird daraufhin exkommuniziert, zieht sich nach England zurück. Brief 5, 11

PROSPER JOLYOT DE CRÉBILLON (1674–1762), französischer Dramatiker, Verfasser der Tragödie *Rhadamiste et Zénobie* (1711). Einer der stärksten Konkurrenten Voltaires in dem Bestreben, die Nachfolge der großen Klassiker des vorhergegangenen Jahrhunderts anzutreten. Brief 23

OLIVER CROMWELL (1599–1658), Abgeordneter des englischen Unterhauses, führte das Parlamentsheer im englischen Bürgerkrieg (1641–1647) gegen König Charles I. Wurde 1653 Lordprotektor mit absoluter Macht, löste das Parlament auf, lehnte die Königswürde ab. Brief 3, 6, 7, 12, 21

FRANCESCA CUZZONI (um 1700–1778), gefeierte italienische Opernsängerin, wurde 1722 von Händel nach London berufen, wo sie bis 1728 blieb. Nach 1748 ohne Erfolge. Brief 23

D

DARIUS (Dareios I., 549–486 v. Chr.), Großkönig des altpersischen Reichs. Brief 25 L

PETER DELMÉ (?–1728), englischer Kaufmann und Bankier, leitete die Bank of England 1715–1717, dann Sheriff von London und 1723 Lord Mayor von London. Brief 24

RENÉ DESCARTES (1596–1650), französischer Philosoph, Mathematiker und Naturwissenschaftler. Begründete den von der philosophischen Souveränität der Vernunft überzeugten modernen Rationalismus. Beeinflusst von scholastischer Denkweise und humanistischer Geisteshaltung. Vorgehensweise: methodischer Zweifel und schrittweise Überwindung dieses Zweifels. Dabei bleibt als einzige unbezweifelbare Tatsache das zweifelnde Denken selbst (*Cogito ergo sum*), das zum Ausgangspunkt der cartesianischen Philosophie wird.

Im Artikel »Sensation« im *Philosophischen Taschenwörterbuch* schreibt Voltaire, der nach den gängigen Maßstäben die Gattung Roman als die wertloseste abtat: »In seinen Romanen behauptet Descartes, wir hätten metaphysische Ideen, bevor wir überhaupt die Brust unserer Amme kennten; eine theologische Fakultät ächtete diese Lehre, nicht etwa, weil sie falsch wäre, sondern weil sie neu war. Später nahm sie diesen Irrtum an, weil er von Locke widerlegt worden war, dem englischen Philosophen, und weil es wohl sein musste, dass ein Engländer unrecht hatte.«

1637 publizierte Descartes im holländischen Leiden anonym seinen *Discours de la méthode* (deutscher Titel: *Abhandlung über die Methode*). Brief 4, 13, 14, 15, 16, 17

NICOLAS BOILEAU-DESPRÉAUX (1636–1711), französischer Dichter und Kunsttheoretiker. Schrieb seit 1661 erfolgreiche Satiren, fasste in seiner an Aristoteles und Horaz orientierten *Art poétique* die für den französischen Klassizismus gültigen Dichtungstheorien zusammen. *Das Chorpult* (*Le Lutrin*): heroischkomisches Epos in sechs Gesängen von Boileau, erschienen 1674–1683. Brief 13, 21, 22, 24, 25 XXV

DIOGENES VON APOLLONIA (499–428 v. Chr.), griechischer Philosoph, Vorsokratiker, Zeitgenosse des Anaxagoras. Erklärte die Luft für den Urstoff der Welt. Brief 13

DIOGENES VON SINOPE (404–323 v. Chr.), griechischer Philosoph und bekannter Vertreter des Kynismus, der Lehre der Bedürfnislosigkeit und Selbstgenügsamkeit; dazu gehörte die Ablehnung von Kultur und gesellschaftlichen Sitten. Auf ihn beziehen sich die Anekdoten vom Philosophen, der in der Tonne haust und der Alexander den Großen, als dieser ihn besuchte und ihm anbot, ihm einen Wunsch zu erfüllen, gebeten habe, aus der Sonne zu gehen. Nach der Legende soll er in Sinope, in Kleinasien, Münzen gefälscht haben. Brief 6

ANTONIO DE DOMINIS (1560–1624), Erzbischof von Split. Veröffentlichte 1611 *De radiis visus et lucis in vitris, perspectivis et iride – Abhandlungen über die Lichtstrahlen in Linse und Iris,* die noch Goethe für seine Farbenlehre gelesen hat. Brief 16

DORSET: Thomas (1536–1608) und Charles (1637–1705) Sackville, erster und sechster Graf von Dorset, englische Staatsleute und Dichter. *The Works of the Earls of Rochester, Roscommon and Dorset* beziehen sich auf Charles. Brief 21, 22

JOHN DRYDEN (1631–1700), englischer Dramatiker, Dichter, Satiriker und Kritiker. Seine Schriften spiegeln alle Strömungen seiner Zeit. Brief 18, 24

E

EDWARD IV. (1442–1483), aus dem Haus York, stürzte Henry VI., aus dem Haus Lancaster. König von England 1464–1483. Brief 12

ANTOINE COËFFIER, Marquis von EFFIAT (1581–1632), französischer Marschall und Diplomat. Brief 12

ELISABETH VON BÖHMEN, pfälzische Prinzessin (1618–1680), zunächst Schülerin Descartes', wendet sich nach und nach dem Mystizismus zu. Brief 4

ELISABETH I. (1533–1603), ab 1558 Königin von England. 1559 erneuerte sie den Herrschaftsanspruch des englischen Königs über die Kirche von England und erließ 1563 das anglikanische Bekenntnis, was die Trennung von der katholischen Kirche bekräftigte und den Anglikanismus zur Staatsreligion machte. Brief 5

EPIKUR (342–271 v. Chr.), griechischer Philosoph, setzte sich mit der Gestaltung der praktischen Lebensführung auseinander. Naturerkenntnis ist nicht Selbstzweck, sondern befreit den Menschen von den Schrecknissen des Aberglaubens und der Religion sowie von der Todesfurcht. Menschliche Glückseligkeit besteht aus mehr geistiger als sinnlicher Lust, da jene beständiger, von äußeren Einflüssen unabhängiger ist. Brief 13

PRINZ EUGEN VON SAVOYEN-CARIGNAN (1663–1736), österreichischer General, ab 1697 Oberbefehlshaber im Großen oder fünften österreichischen Türkenkrieg (1683–1699). Neben dem Herzog von Marlborough war er während des Spanischen Erbfolgekrieges (1701–1714) Oberkommandierender der antifranzösischen Koalition. Brief 10, 19, 25 IX

EURIPIDES (480–406), griechischer Dramatiker. Brief 23

EZECHIAS ODER HISKIA (752–697 v. Chr.), König von Juda von 724–699 v. Chr. Verbündete sich mit den Ägyptern gegen Assyrien. Unterstützte den Propheten Jesaias im Kampf gegen den Götzendienst seiner Vorgänger, darunter auch Salomon. Brief 25

F

GUY-CRESCENT FAGON (1638–1718), Leibarzt Louis' XIV. Brief 23

NICOLAS FARET (um 1596–1646), französischer Literat, Mitbegründer der Académie Française. Brief 24

PIERRE DE FERMAT (1607–1665), französischer Jurist und Mathematiker. Nach ihm ist der Große Fermat'sche Satz benannt, der erst 300 Jahre später gelöst wurde. Brief 14

JOHN FLAMSTEED (1646–1719), englischer Astronom, schuf das erste moderne Fixsternverzeichnis. Brief 25 XXXI

FLAVIUS JOSEPHUS (um 37–100), römisch-jüdischer Geschichtsschreiber. Neben Philon von Alexandria der wichtigste Autor des jüdischen Hellenismus. Verfasste um 96 die Schrift *Über die Ursprünglichkeit des Judentums,* auch als *Gegen Apion – Contra Apionem* bekannt, zur Verteidigung der Juden gegen judenfeindliche Schriften. Brief 25 VIII, 25 XXXII

JEAN DE LA FONTAINE (1621–1695), französischer Dichter, vor allem bekannt durch seine Fabeln, bei den Zeitgenossen als Epiker und Verskünstler vom Rang Racines beliebt. Brief 21, 24

BERNARD LE BOVIER DE FONTENELLE (1657–1757), französischer Schriftsteller, erster Vermittler zwischen Salonkultur und Naturwissenschaften. Brief 14, 15

GEORGE FOX (1624–1691), Begründer der um 1650 gegründeten, in England und durch William Penn in den USA verbreiteten Religionsgemeinschaft der Quäker. Die Quäker haben keine Sakramente, schwören nicht und lehnen jede kirchliche Hierarchie sowie den Gebrauch von Waffen ab. Brief 1, 3, 4

G

GALILEO GALILEI (1564–1642), italienischer Mathematiker, wegen seines Eintretens für die kopernika-
nische Lehre (nicht die Erde, sondern die Sonne ist
das Zentrum unserer Welt) von der Inquisition angeklagt und 1633 zum Widerruf gezwungen. Brief
14, 15, 16

GEORGE I. (1660–1727), Kurfürst von Hannover seit
1698 und König von England 1714–1727. Brief 4, 11,
17

GEORGE II. (1683–1770), seit 1727 bis zu seinem Tod
König von Großbritannien und Irland. Nachwort

THOMAS GORDON (1691–1750), schottischer Übersetzer
und Publizist. Brief 22

GUISE, Vertreter dieses Fürstengeschlechts dominier-
ten eine Zeitlang das politische Leben Frankreichs.
François (1519–1563), Feldherr und ein Führer der
Katholiken, begann 1562 den ersten Hugenottenkrieg mit dem Blutbad von Vassy (1562). Hin-
tergrund waren Zugeständnisse des Hofs an die
Hugenotten mit dem Ziel, die Macht der Guise
einzuschränken. Charles (1524–1574) wirkte als
mächtiger Kardinal in die Politik und ließ seine Ver-
wandten mit möglichst vielen wichtigen staatlichen

Ämtern versehen. Beide ließ König Henri III. Ende
1588 ermorden. Brief 8

H

CHARLES MONTAGU, Earl of HALIFAX (1661–1715), Astronom, schrieb vor allem über Kometen. Brief 21

EDMOND HALLEY (1656–1742), englischer Astronom, beobachtete, dass die 1531, 1607 und 1682 erschienenen
Kometen sich gleich verhielten, und schloss daraus,
dass es daher ein und derselbe Komet sein mussten,
der alle 76 Jahre wiederkommt, so 1758 – nach Erscheinen dieses Buchs. Halley berechnete als Erster,
dass Kometen in voraussagbaren parabolischen Um-
laufbahnen um die Sonne wandern. Brief 15

NICOLAS HARTSOEKER (1656–1725), holländischer Physiker, perfektionierte das Mikroskop. Brief 17

WILLIAM HARVEY (1578–1657), königlicher Leibarzt Jacobs I. und Charles' I. Entdeckte 1618 den doppelten
Blutkreislauf. Brief 16, 17

HEINRICH VII. (um 1278–1313), römisch-deutscher König bzw. Kaiser 1308–1313. Brief 8

JEAN CLAUDE ADRIEN HELVÉTIUS (1685–1755), Vater
des Philosophen; Arzt Louis' XIV., Louis' XV. und
dessen Frau Maria Leczinska. Brief 19

HENRI III. (1551–1589), ab 1574 französischer König, letzter Valois. Führte 1585 den achten Hugenottenkrieg der Katholischen Liga, trat über zu den Hugenotten, ließ seine Gegenspieler des Clans der Guise ermorden und wurde 1589 selbst ermordet. Brief 8, 9

HENRI IV. (1553–1610), auch Henri le Grand (»der Große«), König von Frankreich 1589–1610. Stärkte die innere Situation Frankreichs mit Hilfe seines Ministers Sully. Von einem Katholiken ermordet. Voltaire widmete ihm sein Epos *La Henriade*. Brief 8, 12

HENRY III. (1207–1272), König von England 1216–1272, Sohn Johanns Ohneland. Seine Geldforderungen führten zum Aufstand der Barone, die ihn 1258 zur Bestätigung der Magna Charta zwangen. Brief 9

HENRY VII. (1457–1509), König von England 1485–1509, erster Tudor, Erbe der Thronansprüche des Hauses Lancaster, besiegt Richard III. aus dem Haus York. Stärkte die Macht des Königs, führte die Star Chamber ein und macht sie zu einem Instrument des Despotismus, wo ohne Recht auf Berufung und ohne Beratung auf Hinweis des Herrschers zu schweren Strafen oder zum Tod verurteilt wurde. Brief 9, 12, 23

JOHN HERVEY (1696–1743), Lord ab 1723. War schwul und wurde von Pope satirisch angegriffen. Brief 20

I

IGNATIUS VON LOYOLA (1491–1556), baskischer Adliger, einer der Begründer der Gesellschaft Jesu (Societas Jesu), war zunächst spanischer Soldat. Unter Louis XIV. und Louis XV. hatten jesuitische Geistliche erheblichen politischen Einfluss. Brief 4

INAS, auch Ine, Ina (gestorben nach 726), war der zwölfte König von Wessex und 689–726 Haupt der angelsächsischen Heptarchie, die im 5. und 6. Jahrhundert von den Angeln und Sachsen geformt wurde und die aus den sieben Königreichen von Kent, Sussex, Wessex, Essex, Northumberland, East Anglia und Mercia bestand. Bis zu ihrer Einigung 827 zu einem Königreich erschöpften sich die sieben Reiche in unaufhörlichen Kämpfen. Inas gründete 724 in Rom eine Schule zur Unterweisung der englischen Priester und führte zu deren Unterhalt die unter dem Namen ›Zehnter des St. Peter‹ bekannte Steuer ein. Brief 9

J

JACOB I. (1566–1625), Sohn Maria Stuarts, ab 1603 König von England. Brief 12, 22

JAMES II. (1633–1701), Sohn von Charles I. und Henriette de France, wird 1685 beim Tod seines Bruders Charles II. König von England. Autoritär und gewalttätig, entfremdet er sich dem englischen Volk durch seinen Übertritt zum Katholizismus und durch seine Verbindung zu Louis XIV. von Frankreich. Wird 1688 von Wilhelm III. von Oranien gestürzt. Brief 4

CORNELIUS JANSEN (1585–1638), niederländischer Theologe, der an den Lehren des Augustinus festhielt und sich scharf gegen das Jesuitentum wandte. Nach dem Verbot der Jesuiten in den sechziger Jahren des 18. Jahrhunderts kamen die Jansenisten zu politischer Macht. Katholische Innerlichkeit: Gnadenwahl Gottes, Sündhaftigkeit des Menschen (Ursünde), Bußübungen, Weltverneinung, Kunstfeindlichkeit. Brief 6

JOHANN OHNE LAND (1167–1216), König von England 1199–1216, musste 1215 den Adligen die Magna Charta zugestehen (vgl. Henry III.). Brief 9

JUVENAL (zwischen 50 u. 70–nach 127), römischer Satiriker. Brief 20

K

JOHANNES KEPLER (1571–1630), formulierte die nach
ihm benannten drei Gesetze der Planeten-Bewegung
(gleichzeitig die ersten Naturgesetze, die in mathematischer Form definiert wurden), die die Astronomie revolutionierten (1609). Brief 15, 16

KINEAS (um 350 v. Chr. – 278 v. Chr.), griechischer Diplomat im Dienst des Königs Pyrrhus. Hatte vom
Italienfeldzug abgeraten, in dessen Verlauf Pyrrhus
mit dem Sieg bei Ausculum den berühmten Pyr-
rhussieg erkämpfte. Brief 25 XXV

WILHELM KLEMPERER (1839–1912), Rabbi, seit 1891
Prediger der Berliner Reformgemeinde. Vater von
Victor Klemperer. Nachwort

JOHN KNOX (um 1514–1572), calvinistischer Reformator
in Schottland, Gründer der Glaubensrichtung der
Presbyterianer. Presbyterianer sind die Anhänger
der reformierten Kirchen Englands, die im Gegensatz zur bischöflichen anglikanischen Kirche als
Verfassungsprinzip die calvinistische Gemeindeord-
nung haben, nach der der Prediger des Evangeliums
vom Volk gewählt wird. Die Pastoren sind also untereinander gleich, Bischöfe gibt es nicht. Brief 6

CHRISTOPH KOLUMBUS (1451–1506), italienischer See-
fahrer in spanischen Diensten, Entdecker Amerikas.
Brief 12, 24

L

JULIEN OFFRAY DE LA METTRIE (1709–1751), französischer Arzt und materialistischer Philosoph, dessen
»Mensch als Maschine« sprichwörtlich geworden
ist. Nachwort

ANTOINE-LOUIS LEBRUN (1680–1743), Librettist, soll
1715 Verfasser des Pamphlets *J'ai vu* gewesen sein,
das Voltaire zugeschrieben wurde und ihm 1717
einen Aufenthalt in der Bastille einbrachte. Bei der
Erwähnung von Prynnes »sauberem Buch« steht
in der englischen Ausgabe: »dem Pater le Brun das
seine entnommen hat«. In der in Frankreich publi-
zierten Ausgabe fehlt das, dafür wird Lebrun später
im Text negativ erwähnt. Im Übrigen blieb Lebrun
unbekannt und fand für seine Opern keine Musiker.
Brief 23

JEAN LECLERC (1657–1736), Genfer Kritiker und Gelehrter. Brief 7

ADRIENNE LECOUVREUR (1692–1730), gefeierte Schauspielerin ihrer Zeit und eine Freundin Voltaires. Nach ihrem Tod wurde ihr Leichnam auf dem Schindanger in der Uferböschung der Seine beim heutigen Champ de Mars bestattet, weil der Klerus dem »fahrenden Volk« eine ordentliche Beisetzung verweigerte. Brief 23

ANTONI VAN LEEUWENHOEK (1632–1723), holländischer Naturwissenschaftler, beschreibt die Kapillarzirkulation, entdeckt mit einem einfachen Mikroskop 1673 die roten Blutkörperchen, 1683 die Bakterien im menschlichen Speichel. Brief 17

GOTTFRIED WILHELM LEIBNIZ (1646–1716), Philosoph, Physiker, Mathematiker, Historiker, Diplomat, Gelehrter. Siehe auch Clarke. Brief 11, 17

JOHN LOCKE (1632–1704), englischer Philosoph, Hauptvertreter des Empirismus, Sensualist. Brief 7, 12, 13, 14

LOUIS VIII. (1187–1226), Sohn König Philippes II., seit 1223 König von Frankreich aus der Dynastie der Kapetinger. Nahm an den Feldzügen seines Vaters gegen Johann Ohneland teil. Brief 9

LOUIS IX. von Frankreich (1214–1270), »der Heilige«, König von Frankreich 1226–1270. Unter seiner Herrschaft erlebte Frankreich wirtschaftliche wie auch politische Blütezeit. Stärkte die Zentralgewalt, schuf Gottesurteile ab. Brief 9

LOUIS XIV. (1638–1715), König von Frankreich 1661–1715,
absolutistischer Herrscher, Kunstfreund, »Sonnen-
könig«. Brief 8, 10, 18, 21, 23, 24

LOUIS XV. (1710–1774), König von Frankreich 1723–1774;
Urenkel von Louis XIV. Brief 11, 23

JEAN-BAPTISTE LULLY (1632–1687), italienischer Komponist am Hof Louis' XIV.; arbeitete zeitweilig mit
Molière zusammen. Brief 19

MARTIN LUTHER (1483–1546), deutscher Reformator.
Brief 1, 7

M

JEAN MABILLON (1632–1707), Benediktiner, begründete geschichtliche Quellenkritik und Urkunden-
forschung. Brief 13

NICOLAS MALEBRANCHE (1638–1715), gegenrefor-
matorischer Philosoph, neben Arnold Geulincx
Haupt des Okkasionalismus: Lehre, die von der
Zweiheit von Seele und Körper ausgeht, die nicht
wechselseitig aufeinander wirken können. Gott er-
zeugt bei Gelegenheit von leiblichen Bewegungen
die seelischen Empfindungen und bei Willensakten
die Muskelbewegungen. Angehöriger des Oratoire,
der »Kongregation vom Oratorium des Heiligen

Philippo Neri«, eine von diesem 1575 in Rom gegründete Kongregation. Brief 2, 13, 25 XL

MARCUS ANTONIUS (Mark Anton, um 83–30 v. Chr.), römischer Politiker und Feldherr. Nach Cäsars Ermordung (44 v. Chr.) einer der mächtigsten Männer Roms, Angehöriger des zweiten Triumvirats (mit Marcus Aemilius Lepidus und Octavian, dem späteren Kaiser Augustus) und Geliebter Kleopatras. Antonius und Kleopatra töteten sich selbst nach ihrer Niederlage bei Actium (31 v. Chr.). Brief 8

MARGUERITE DE BOURGOGNE (1446–1503), dritte und letzte Frau von Charles de Valois-Bourgogne, genannt Karl der Kühne, eigentlich Marguerite von York oder Margaret Plantagenêt, Schwester der englischen Könige Edward IV. und Richard III. Galt in ihrer Zeit als die schönste und mächtigste aller Herzoginnen. Brief 12

GAIUS MARIUS (um 158–86 v. Chr.), römischer Feldherr und Staatsmann. Brief 8

JOHN CHURCHILL, Herzog von Marlborough (1650–1722), englischer General, stand während der *Glorious Revolution* auf Seiten des Prinzen von Oranien. Oberbefehlshaber der englischen Truppen im Spanischen Erbfolgekrieg. Brief 12, 19, 22, 25 IX, 25 L

JULES MAZARIN (1602–1661), Kardinal, leitender französischer Minister, setzt nach dem Tod Richelieus 1642 dessen Politik fort. Gründete 1648 die Pariser Kunstakademie. Unterdrückte 1653 die Fronde (vgl. Retz) zugunsten des Absolutismus. Brief 8

RICHARD MEAD (1673–1754), englischer Arzt, befürwortete die Erklärung der in der Bibel erwähnten Krankheiten mit natürlichen Ursachen und behauptete, die Besessenen in der Bibel seien Epileptiker oder Verrückte. Brief 19

MENIPPOS VON GADARA (3. Jh. v. Chr.), Schöpfer der menippischen Satire, die auf allgemein menschliche Schwächen und Torheiten ohne Bezug auf bestimmte Personen zielt. In Frankreich als *Satire Ménippée* gepflegt, als Mischform von Vers und Prosa. Brief 22

NIKOLAUS MERCATOR (1620–1687), deutscher Mathematiker und Astronom, entdeckte die logarithmische Reihe. Brief 17

METON (5. Jh. v. Chr.), griechischer Astronom. Nach ihm ist der Meton-Zyklus benannt. Brief 17

JOHN MILTON (1608–1674), neben Shakespeare bedeutendster Dichter Englands. Verherrlichte Cromwell, befürwortete die Hinrichtung des englischen Königs Charles I. aufgrund des Naturrechts. Seine *Defensio pro populo anglicano* (1651), ein Plädoyer für die Freiheit als ein angeborenes Recht der Völker, galt als politisches Manifest der Puritaner und wurde in Frankreich verboten. Brief II

MINOS, sagenumwobener König von Kreta, Sohn des Zeus und der Europa. Brief 25 VIII

MOHAMMED (ca. 570–632), Stifter des Islam. Seine Offenbarungen sind im Koran niedergelegt. Brief 7, 25 II

MOLIÈRE, D. I. JEAN BAPTISTE POQUELIN (1622–1673), bis heute überragender französischer Komödiendichter. Brief 19, 23, 24

LUIS DE MOLINA (1535–1600), jesuitischer Theologe, begründete den Molinismus, eine Art Gnadenlehre, nach der die göttliche Allwissenheit der Willensfreiheit verbunden ist: Gott weiß schon, was die Menschen unter den von ihm geschaffenen Bedingungen tun, und kann also die Verhältnisse so schaffen, dass die Menschen sich nach seinem Willen verhalten. Brief 25 XX

MICHEL DE MONTAIGNE (1533–1592), französischer Philosoph und Schriftsteller, bekannt durch seine *Essais*. Brief 12, 13, 25 XXX

BÉAT LOUIS DE MURALT (1665–1749), Schweizer Schriftsteller und Moralist. Seine *Lettres sur les Anglais et
les Français* (1725) sind eins der ersten Bücher, die
in Frankreich über England informierten. Brief 19

N

ISAAC NEWTON (1643–1727), englischer Mathematiker,
Physiker und Philosoph. Betonte die Notwendigkeit einer streng kausalen, mechanischen und mathematischen Naturerklärung, die sich aller unnötigen
Hypothesen enthält. Newtons *Opticks or a Treatise
of the Reflexions, Refractions, Inflexions and Co-
lours of Light* erschien 1704. Brief 7, 12, 13, 14, 15, 16,
17, 23, 24, 25 XXXIV

PIERRE NICOLE (1625–1695), französischer Theologe
und Logiker. Zusammen mit Antoine Arnauld
(siehe auch Pascal) schrieb er die jansenistische »Lo-
gik von Port-Royal«, *La logique ou l'art de penser*
(1662). Brief 25 XL

O

ANNE OLDFIELD (1683–1730), englische Schauspielerin.
Brief 23

JEAN ORIEUX (1907–1990), französischer Schriftsteller, vor allem Autor von Voltaires Biographie. Nachwort

PHILIPPE II. DE BOURBON, Herzog von ORLÉANS (1674–1723), übte 1715–1723 im Namen des noch unmündigen späteren Königs Ludwig XV. die Regentschaft aus. Der *Régent* war liberal, unfromm und entmachtete vorübergehend die Jesuiten. Nachwort

THOMAS OTWAY (1652–1685), englischer Dramatiker. Brief 18

ROBERT HARLEY, Graf von OXFORD (1661–1724), britischer Staatsmann mit literarischen Freunden und Mitglied der Royal Society. Seit 1690 Mitglied des Unterhauses, Staatssekretär und später Schatzkanzler unter den Whigs, 1711 Leiter des Torykabinetts unter Königin Anne. Brief 5, 10, 24

P

MATTHEW PARKER (1504–1575), 1559 von Königin Elisabeth zum Erzbischof von Canterbury ernannt. Brief 5

BLAISE PASCAL (1623–1662), französischer Philosoph, Mystiker und Mathematiker. Begründer der Wahrscheinlichkeitsrechnung. Ergriff in der Kontroverse zwischen Jesuiten und Jansenisten über die Kasuistik mit seinen *Lettres provinciales* (1657, *Lettres écrites par Louis de Montalte à un provincial de ses amis et aux R. R. Pères Jésuites*) Partei für seinen Freund Antoine Arnauld, der 1656 von der Sorbonne als Häretiker verurteilt worden war. Lehnte den Probabilismus der Jesuiten ab, der eine Umgehung der Gebote der Evangelien ermöglichte. Pascals Denken mündete mit den *Pensées de M Pascal – Gedanken des Herrn Pascal* (postum 1669, einer der meistgelesenen philosophischen bzw. theologischen Texte der europäischen Geistesgeschichte) in eine Mystik der Hingabe an Gott. Brief 22, 25 XL

WILLIAM PENN (1644–1718), gründete 1682 die Kolonie Pennsylvania. Brief 4

CLAUDE PERRAULT (1613–1688), Architekt der Kolonnaden am Louvre, Arzt und Naturkundler. Entdeckte den Kreislauf des Pflanzensafts. Brief 16, 17

PIERRE PERRIN (1620–1675), Librettist, trat das Recht, eine französische Akademie zu gründen, an Lully ab. Brief 24

PHILIPP II. VON MAKEDONIEN (um 382–336 v. Chr.), 359–336 König von Makedonien, Vater Alexanders des Großen. Brief 25 L

PHILON VON ALEXANDRIA (um 20 v. Chr. – um 45 n. Chr.), jüdisch-griechischer Philosoph. Erklärte das jüdische Gesetz für ein allen Menschen gleich gültiges Naturgesetz. Siehe auch Flavius Josephus. Brief 25 VIII

JEAN PICARD (1620–1682), Astronom, führte die erste genaue Vermessung eines Grades eines Meridianbogens (zwischen Sourdon bei Amiens in Malvoisine, 1669–1670) zur Bestimmung der Größe der Erde durch. Brief 15

PLATO (427–347 v. Chr.), neben Aristoteles bedeutendster griechischer Philosoph, Schüler des Sokrates. Brief 6, 13, 23, 25 I

PLAUTUS (ca. 250–184 v. Chr.), römischer Komödiendichter. Brief 19

GNAEUS POMPEIUS (106–48 v. Chr.), römischer Politiker und Feldherr. Brief 8, 25 L

ALEXANDER POPE (1688–1744), englischer Dichter. Schrieb u. a. *The Rape of the Lock* (dt.: *Der Lockenraub*, komisches Heldenepos, 1712); übersetzte Homers *Ilias* (1715–1720) und *Odyssee* (1725) als Rokokoparaphrase. Sein *Essay on Criticism* (dt. *Ein Versuch über die Kritik*) erschien 1711. Brief 22, 23, 24

MATTHEW PRIOR (1664–1721), witzig-eleganter Dichter, Brief 22, 23, 24, 25 XX

WILLIAM PRYNNE (1600–1669). Mit *Histriomastix*, 1632 veröffentlicht, griff Prynne die Schauspielerei im Allgemeinen an und führte aus, dass Könige und Kaiser, die das Drama gefördert hatten, gewaltsamen Todes gestorben waren. Seine Beschimpfung der Schauspielerinnen wurde als Angriff auf die Königin Henriette Marie, Frau Charles' I., gewertet, die in einem Ballett mitwirkte. Prynne sollte lebenslänglich eingekerkert werden, was aber ausgesetzt wurde; er wurde zu 5000 Pfund Strafe und zum Abschneiden der Ohren verurteilt (1637). In demselben Jahr wurde er wegen eines Angriffs auf die Bischöfe bestraft mit dem Abschleifen der Ohrstümpfe und Einbrennen der Buchstaben SL auf die Wangen, was für *sideous libeller* (= aufrührerischer Publizist) stand, von ihm aber als *stigma laudis* (= Zeichen [göttlichen] Lobes) bezeichnet wurde. 1640 aus dem Gefängnis von Mont Orgueil auf Jersey vom Long Parliament befreit, war er als Parlamentarier tätig, wenn er sich nicht gerade in Haft befand, da er sich gegen die Exekution Charles' I. wandte und das Zahlen von Steuern ablehnte. Brief 23

PYRRHUS I. (um 318–272 v. Chr.), Feldherr der Zeit des Hellenismus, bekannt durch einen verlustreichen Sieg gegen die römische Republik. Brief 25 xxv

Q

PHILIPPE QUINAULT (1635–1688), schrieb Libretti für
   Lully. Brief 21

R

FRANÇOIS RABELAIS (1494–1553), französischer Schriftsteller, Mönch, Arzt. Wurde wegen einer Pfründe
   auch »Pfarrer aus Meudon« genannt. Sein Roman-
   zyklus um die beiden Riesen Gargantua und Pantagruel erschien in mehreren Folgen zwischen 1532
   und 1564. Brief 5, 22
JEAN RACINE (1639–1699), neben Corneille und Molière
   größter französischer Dramatiker des 17. Jahrhunderts. Brief 23
LOUIS RACINE (1692–1763), Sohn von Jean Racine. Brief
   23
PAUL DE RAPIN-THOYRAS (1661–1725), protestantischer
   Advokat, Historiker. Schrieb eine Geschichte Englands (1724, 1749). Brief 22
BERNARD RENAU D'ELIÇAGARAY, genannt Petit Renau
   (1652–1719), Marineingenieur unter Louis XIV.,
   wirkte an der Entwicklung von Kriegsschiffen mit.
   Brief 24

JEAN-FRANÇOIS, ABBÉ DU RESNEL DU BELLAY (1692–1761), französischer Geistlicher, Schriftsteller und Übersetzer. Brief 22

JEAN-FRANÇOIS PAUL DE GONDI, Cardinal de RETZ (1613–1679), beteiligte sich an der Fronde, dem Aufstand des Pariser Parlements und des Hochadels 1648–52 gegen die französische Regentin Anna von Österreich und den Kardinal und Minister Mazarin. 1654 Erzbischof von Paris. Wurde unter dem neuen König Louis XIV. als Rädelsführer verhaftet. Brief 7, 8

ARMAND JEAN DU PLESSIS, Premier Duc de RICHELIEU (1585–1642), genannt Kardinal Richelieu, 1624 leitender Minister Königs Louis XIII., förderte Absolutismus gegen Adelsherrschaft und bekämpfte die Freiheiten, die den Hugenotten zugestanden worden waren. Gründete 1635 die Académie Française. Brief 24

FRANÇOIS LA ROCHEFOUCAULD (1613–1680), französischer Schriftsteller und Moralist. Brief 12

JOHN WILMOT, zweiter Earl of ROCHESTER (1647–1680), englischer Dichter, verfasste leichte, elegante, z. T. frivole Liebeslyrik sowie realistisch-satirische Gedichte. Brief 20, 21

JACQUES ROHAULT (1618–1672), französischer Physiker, Schüler von Descartes. Autor des bis ins 18. Jahrhundert verbreiteten Physiklehrbuchs *Traité de physique – Abhandlung der Physik* (1671). Brief 14

WENTWORTH DILLON, vierter Earl of ROSCOMMON (1633–1685), englischer Dichter, übersetzte die *Dichtkunst* des Horaz in Blankverse. Brief 21, 22

CHARLES D'ORLÉANS DE ROTHELIN, genannt l'Abbé de Rothelin (1691–1744), französischer Geistlicher und Gelehrter, wurde 1728 Mitglied der Académie Française. Brief 24

JEAN-BAPTISTE ROUSSEAU (1671–1741, nicht verwandt mit Jean-Jacques Rousseau), französischer Dichter, Autor, galt als der größte Lyriker seiner Generation. Nachwort

S

CHARLES LE MARQUETEL DE SAINT-DENIS, Seigneur de SAINT-ÉVREMOND (um 1610–1703), französischer Essayist und Satiriker, Skeptiker und Epikur verbundener Freigeist. Ging wegen einer Parodie auf Mazarin 1661 nach Holland und anschließend nach England ins Exil, wo er am Hof Charles' II. lebte. Er berichtete aus England in erst postum veröffentlich-

JEAN-BAPTISTE SILVA (1682–1742), beratender Arzt Louis' XIV., Arzt Voltaires. Brief 19

SIXTUS V. (1521–1590), Papst 1585–1590. Brief 3

SOKRATES (469–399 v. Chr.), griechischer Philosoph, Lehrer des Plato. Das *daimonion* war Sokrates' Begriff für eine Art eigenen Schutzgeist, eine innere Stimme. Brief 13, 25 XXIX

SOPHOKLES (um 497–406 v. Chr.), griechischer Tragödiendichter. Brief 23

LELIO SOZZINI (1525–1562) gründet den Sozinianismus als antitrinitäre Lehre, die die Gotthaftigkeit Jesu leugnet. Im 18. Jahrhundert ist »Sozinianer« gleichbedeutend mit Anhänger des Deismus, der unter den Philosophen der Aufklärung verbreiteten Glaubensform. Brief 7

BARUCH DE SPINOZA (1632–1677), Philosoph, Vertreter eines strengen Determinismus, nach dem alles, was wir tun, bereits vorherbestimmt ist. Brief 13

RICHARD STEELE (1672–1729), schrieb u. a. sentimentale Komödien. Brief 19

EDWARD STILLINGFLEET (1635–1699), anglikanischer Theologe, Bischof von Worcester, führte eine Disputation mit Locke von 1697 bis 1699. Brief 13

MARIA STUART (1542–1587), katholische Königin von Schottland, hingerichtet wegen des Verdachts auf Mitwisserschaft am Attentat gegen Königin Elisabeth. Brief 22

LUCIUS CORNELIUS SULLA (138–78 v. Chr.), römischer
Feldherr und Politiker. Brief 8

JONATHAN SWIFT (1667–1745) anglo-irischer Schriftsteller und Satiriker, Verfasser von *Gullivers Reisen*.
Voltaire lernte ihn während seines Aufenthalts in
England bei Lord Peterborough kennen. Brief 22,
23, 24

T

TACITUS (um 58–120 n. Chr.), römischer Geschichtsschreiber. Brief 22, 25 XLIII

TAMERLAN: TIMUR (Timur der Lahme; 1336–1405), asia-
tischer Eroberer, setzte sich seit 1360 in Mittelasien
gegen Christen und Muslime durch. Seine Brutalität
ließ ihn in der abendländischen Dichtung zum In-
begriff orientalischer Grausamkeit werden. Brief 12

TERENZ (um 190–157 v. Chr.), römischer Komödiendichter. Brief 23

THOMAS VON AQUIN (um 1225–1274), Philosoph und
Theologe, hatte wegen seiner systematisierenden
Arbeit über die Erscheinungsformen der Engel
den Beinamen ›Doctor Angelicus‹ erhalten. In der
englischen Ausgabe von 1733 und in der deutschen
Übersetzung von 1774 werden einige Namen genannt. Der ›unwiderlegbare Doktor‹ sei Alexander

von Hales (um 1185–1245), englischer Vertreter der Scholastik; der ›subtile Doktor‹ sei John Duns Scotus (um 1266–1308), schottischer Theologe und Philosoph der Scholastik; der ›Seraphinendoktor‹ sei Bonaventura (1221–1274), italienischer Theologe und Philosoph der Scholastik. Brief 13

JACQUES AUGUSTE DE THOU (1553–1617), französischer Historiker, Magistrat. Seine Geschichte der europäischen Staaten, *Histoire universelle,* erschien 1734. Brief 12

JOHN TOLAND (1670–1722), Philosoph, schrieb über deistische Philosophie. Brief 13

EVANGELISTA TORRICELLI (1608–1647), italienischer Physiker, Schüler Galileis, erklärte den atmosphärischen Druck. Brief 12

V

SIR JOHN VANBRUGH (1664–1726), englischer Komödiendichter und Architekt. Übersetzte oder imitierte Molière. Als junger Mann war er ein überzeugter Anhänger der Whigs und beteiligte sich an der *Glorious Revolution* zur Durchsetzung des Parlamentarismus in England. Wegen seiner Beteiligung an dem Umsturz war Vanbrugh vorübergehend als politischer Gefangener in der Bastille inhaftiert. Brief 19

LOPE DE VEGA (1562–1635), spanischer Dichter, Schöpfer des spanischen Nationaltheaters. Brief 18

VERGIL (70–19 v. Chr.), gilt als der größte römische Dichter. Sein Epos *Aeneis* diente Voltaire als Vorbild zur *Henriade*. Brief 18

CLAUDE-LOUIS-HECTOR DE VILLARS (1653–1734), Pair und Marschall von Frankreich, errang 1712 im Spanischen Erbfolgekrieg den entscheidenden Sieg bei Denain. Brief 25 L

VINCENT VOITURE (1598–1648), französischer Schriftsteller, galanter preziöser Dichter. Preziosität war eine kulturell-literarische Richtung im Frankreich des beginnenden 17. Jahrhunderts, Teil der Salonkultur, in der man sich vom ungebildeten und kulturlosen Hof absetzen wollte, gegen Sprachverrohung, für Verfeinerung der Sitten. Die zunehmende Kultivierung bei Hof machte diese Opposition um die Jahrhundertmitte gegenstandslos und ließ die Übertreibungen der Preziösen lächerlich werden. Brief

W

WILLIAM WHISTON (1667–1752), englischer Theologe, Historiker und als Mathematiker ein Anhänger Newtons. Schrieb 1696 *A New Theory of the Earth* und war der Ansicht, die nachgewiesene Ursache der Sintflut sei ein Komet gewesen. Brief 15

MARY WORTLEY LADY MONTAGU (1689–1762), Frau des englischen Gesandten in Konstantinopel. Verfasste *Briefe aus dem Orient* (1763, 1767). Richard Mead schrieb 1722 eine Broschüre über die von ihr propagierte Pockenimpfung. Brief 11

WILLIAM WYCHERLEY (um 1640–1716), englischer Dramatiker, Schützling des Hofs. Seine vier Komödien wurden 1712 veröffentlicht. Voltaire imitierte in *La Prude* Wycherleys Stück *The Plain Dealer*. Brief 19

Z

ULRICH ZWINGLI (1484–1531), Schweizer Reformator, Humanist. Brief 7

Voltaire
im Diogenes Verlag

Candide oder
Der Optimismus

Aus dem Französischen von Stephan Hermlin
Mit einem Nachwort von Ingrid Peter

»Wenn ich wieder einmal, wie es im Zeitalter der globalen Aufrüstungen und Versklavungen ja geschehen muß, an der Welt verzweifle, genügen ein paar Seiten aus Voltaires zauber-märchenhaften und doch so prall anschaulichen Erzählung *Candide,* um neue Spannkraft zu provozieren – der Funke seines Lebensfeuers springt auf den Leser über wie je. ›Lest Candide‹, rief Döblin den Deutschen nach 1945 zu: Im Rebellen hatte er den Mitkämpfer für eine bessere Gesellschaft erkannt.« *Robert Minder*

»Das Buch strotzt von jenem boshaften Humor, der uns wie nichts dazu befähigt, uns mit der Mühsal des Lebens abzufinden.« *John Cowper Powys*

»Voltaire ist die Essenz ganz Frankreichs und des ganzen achtzehnten Jahrhunderts.« *Egon Friedell*

Denken mit Voltaire

Eine Auswahl. Herausgegeben und
mit einem Vorwort von Wolfgang Kraus

»Ach, die Barbarei besteht noch, mag also die Philosophie protestieren! Die Waffe lechzt nach Blut, so muß die Zivilisation sich entrüsten! Fragen wir die mächtigen Denker um Rat, Voltaire, Diderot, Montesquieu. Geben wir diesen großen Stimmen das Wort!« *Victor Hugo*

»Ich halte Sie für das größte Genie, das die Welt hervorgebracht hat.«
Friedrich der Große in einem Brief an Voltaire

»Voltaire wird immer betrachtet werden als der größte Name der Literatur der neueren Zeit und vielleicht aller Jahrhunderte; wie die erstaunenswerteste Schöpfung der Natur.« *Johann Wolfgang Goethe*

»Goethe hat zur Menschheit die hohe, ferne Liebe eines Gottes zu seiner Schöpfung; Voltaire kämpft für sie im Staub.« *Heinrich Mann*

Stürmischer als das Meer
Briefe aus England

Herausgegeben, übersetzt und
mit einem Nachwort von Rudolf von Bitter

Briefe über Konfessionen und Politik, Philosophen und Wissenschaftler, u. a. über Francis Bacon, Thomas Locke, Isaac Newton, Blaise Pascal.

»Voltaire kämpfte im Verlauf eines mühseligen Lebens gegen Obskurantismus, Dummheit und Tyrannei. Er hatte einen scharfen, aristokratischen Verstand.« *John Cowper Powys*

»Er besaß die Zärtlichkeit einer Frau und den Zorn eines Helden. Er war ein großer Geist und ein ungeheures Herz.« *Victor Hugo*

»Einer der größten Befreier des Geistes.« *Friedrich Nietzsche*

Michel de Montaigne
im Diogenes Verlag

Essais
[Versuche]
nebst des Verfassers Leben, nach der
Ausgabe von Pierre Coste ins Deutsche
übersetzt von Johann Daniel Tietz

3 Bände im Schuber oder in Kassette. Diese Ausgabe bringt alle
Essais, eine Biographie Montaignes, Briefe Montaignes,
Etienne de la Boéties »Von der freiwilligen Dienstbarkeit«,
Kritiken zu den Essais sowie ein ausführliches Personen-
und Stichwortregister. Neuausgabe der 1753/54
erschienenen deutschen Erstausgabe

»Ein publizistisches Glanzstück: In einer prachtvoll
ausgestatteten, typographisch vorzüglichen dreibändi-
gen Edition legt der Diogenes Verlag Tietz' Übersetzung auf, die selbst Fachleuten kaum gegenwärtig war.«
Rainer Moritz / Rheinischer Merkur, Bonn

»Ein bezauberndes Buch sind die *Essais* dieses Republi-
kaners mit monarchistischen Neigungen, dieses Chri-
sten mit heidnischer Gesinnung, dieses Renaissance-
Menschen und Humanisten mit dem mittelalterlichen
Gottvertrauen, der schon die Aufklärung ankündigt.
Ein großes Lese- und Lehrbuch vom richtigen Leben.«
Rolf Michaelis / Die Zeit, Hamburg

»Diese genialen ›Versuche‹ sind frisch wie am ersten
Tag.« *Gert Ueding / Die Welt, Berlin*

Tagebuch einer Reise nach Italien
über die Schweiz und Deutschland

Aus dem Französischen von Ulrich Bossier
Mit einem Vorwort von Wilhelm Weigand

In seinem erst 1770 in einer verstaubten Truhe wie-
derentdeckten Tagebuch hält Michel de Montaigne un-
voreingenommen die zahlreichen Begegnungen, frem-

den Landschaften und ungewohnten Sitten fest, denen er 1580–81 auf seiner Bade- und Kulturreise mit neugierigem Blick begegnete: So lobt er das deutsche Essen, wohnt einer Teufelsaustreibung und einer öffentlichen Hinrichtung bei, erhält in Rom eine päpstliche Audienz und besucht Kurtisanen, allerdings – so versichert er uns – nur, um mehr über deren erotische Künste zu erfahren, nicht aber um diese selbst zu genießen.

Die vortreffliche Neuübersetzung von Ulrich Bossier erschien erstmals 2005.

»Um sich frei zu machen, reist Montaigne. Er reist, wenn man so sagen darf, der Nase nach. Er vermeidet auf der Reise alles, was an eine Verpflichtung erinnert. Die Straße soll ihn führen, wohin sie ihn führt, die Stimmung treiben, wohin sie ihn treibt.«
Stefan Zweig

Über Montaigne

Aufsätze und Zeugnisse von Blaise Pascal, Johann Wolfgang Goethe, Ralph Waldo Emerson, Charles Augustin Sainte-Beuve, Friedrich Nietzsche, André Gide, Heinrich Mann, Hermann Hesse, Egon Friedell, Stefan Zweig, Richard Friedenthal, Elias Canetti, Herbert Lüthy, Mathias Greffrath u. a. Mit Zeittafel und Bibliographie. Herausgegeben von Daniel Keel.

»Wer sich über Montaigne orientieren will, kann dies in einem Band mit dem Titel *Über Montaigne* tun, den Daniel Keel herausgegeben hat und der parallel zur Edition der *Essais* erschienen ist. Hier findet der Leser eine Reihe von wichtigen Aufsätzen, die einen guten Zugang zu dem französischen Denker ermöglichen. Einige interessante Texte sind nachgedruckt, wie zum Beispiel der von Max Horkheimer über ›Montaigne und die Funktion der Skepsis‹ von 1938, der die sozialen und historischen Hintergründe skizziert, aus denen der Skeptizismus hervorgeht. Die Zeit der großen äußeren Unsicherheit ist die Zeit, in der eine Lebens-

kunst erforderlich ist. Stefan Zweig ist auf diesen Aspekt besonders aufmerksam, und der Anlaß ist für ihn derselbe wie für Horkheimer: Mitten im Zweiten Weltkrieg schreibt er seinen Aufsatz über Montaigne – auch er ist hier nachgedruckt – und bekennt, daß er ihm jetzt am ›hilfreichsten‹ scheine, wo die Welt im Aufruhr ist. Eine bessere und liebevollere Einführung kann man nicht finden. Sie stellt den Denker dar, der sich zu seinem Beruf die Kunst des Lebens gewählt hat.«
Wilhelm Schmid / Norddeutscher Rundfunk, Hannover

Mathias Greffrath
Montaigne heute
Leben in Zwischenzeiten

Die *Essais* von Michel de Montaigne ›liest‹ man nicht einfach: Man ›begegnet‹ ihnen. Mathias Greffrath begegnet Montaigne wie einem väterlichen Freund – mit dem man über alles sprechen kann. Unbefangen nimmt er von ihm, was ihm brauchbar erscheint für unseren eigenen Umgang mit der Welt und mit uns selber. So macht er Gebrauch von ebenjener Freiheit, die Montaigne für sich selbst in Anspruch nahm. Montaignes *Essais* erweisen sich auch nach Jahrhunderten noch so frisch wie am ersten Tag. Mathias Greffrath erlaubt sich, dort weiterzudenken, wo Montaigne einen Punkt setzte: Zwischen die Auszüge aus Montaignes *Essais* schiebt er acht eigene Essays, die immer wieder der Frage nachgehen: Wie soll man heute leben? Was sagt uns Michel de Montaigne heute?

»Mathias Greffrath entwirft auf doppelt blitzgescheite Weise ein Montaigne-Panorama: Er orientiert sich an den zwei grundlegenden Übersetzungen aus dem 18. Jahrhundert (J. J. Bode, J. D. Tietz), aus denen er heutiges Deutsch ohne geschraubtes Philologengestelze, aber auch ohne modischen Jargon formt.«
Abendzeitung, München

Wilhelm Weigand
Michel de Montaigne

Eine Biographie

»An deutschsprachiger Literatur zu Michel de Montaigne sei verwiesen auf den *Montaigne* von Wilhelm Weigand, der vor allem als Biographie wertvoll ist.«
Herbert Lüthy

»Es gibt auf der ganzen Welt kaum ein zweites Buch, das so sehr zum Abenteuer der Selbsterkenntnis ermuntert und das Denken über Zeit und Ewigkeit so sehr anregt wie die *Essais* des Michel de Montaigne. Es ist uns hier ein geistiges und moralisches Tonikum ohnegleichen geschenkt worden. Der amerikanische Philosoph Ralph Waldo Emerson nannte diesen großen Sucher und Denker den freimütigsten und ehrlichsten Schriftsteller der Welt. Dieses Urteil aus dem 19. Jahrhundert über einen Mann im Übergang vom 16. zum 17. Jahrhundert hat noch heute ungebrochene Gültigkeit. Dabei hat Montaigne mehr für sich als für andere geschrieben, aber was ihm guttat, tut es uns erst recht. Die Existenz Michel de Montaignes zu durchleuchten ist von vielen versucht worden. In deutscher Sprache kommt kein anderer Versuch der Biographie von Wilhelm Weigand gleich.«
Oberösterreichische Zeitung, Linz

William Shakespeare
im Diogenes Verlag

»Shakespeare malte Landschaften und baute Architek-
turen mit seinen Worten. Er hat es dem Schöpfer am
nächsten getan. Er hat eine zauberhafte, vollkommene
Welt geschaffen: die Erde mit allen Blumen, das Meer
mit allen Stürmen, das Licht der Sonne, des Mondes,
der Sterne; das Feuer mit allen Schrecken und die Luft
mit allen Geistern, und dazwischen Menschen. Menschen mit allen Leidenschaften, Menschen von elemen-
tarer Großartigkeit und zugleich von lebendigster
Wahrheit. Shakespeares Allmacht ist unendlich, unfaß-
bar.« *Max Reinhardt*

Dramatische Werke
Übersetzung von Schlegel/Tieck
Edition von Hans Matter
Illustrationen von Johann Heinrich Füßli

Zurzeit sind die folgenden
Bände lieferbar:

Romeo und Julia / Hamlet / Othello

Julius Cäsar / Antonius und Cleopatra / Coriolanus

Außerdem erschienen:
Sonette
Englisch und deutsch
Herausgegeben und mit einem Vorwort
von Hanno Helbling

Shakespeares Königsdramen
Nacherzählt und mit einem Vorwort
von Urs Widmer
Mit Zeichnungen von Paul Flora

Honoré de Balzac
im Diogenes Verlag

»Balzac möchte ich empfehlen. Das riesenhafte Werk des Franzosen hat nichts von seiner Bedeutung eingebüßt, nichts von seiner Kraft zu faszinieren. Im Gegenteil.« *Friedrich Dürrenmatt*

»Das größte Literatur-Monument unseres Jahrhunderts.« *Oscar Wilde*

»Ein weltumfassender Geist.« *Fjodor Dostojewskij*

»Der größte Romancier aller Zeiten.«
W. Somerset Maugham

»Ein Genie.« *Leo Tolstoi*

Die schönsten Romane und Erzählungen
erscheinen neu in revidierten Übersetzungen und
in hochwertiger Ausstattung
(auch als Taschenbuch lieferbar)

Der Talisman
oder Das Chagrinleder
Roman. Aus dem Französischen von Emil A. Rheinhardt. Mit einem Essay von Friedrich Dürrenmatt

Eugénie Grandet
Roman. Deutsch von Mira Koffka. Mit einem Essay von Wolfgang Koeppen

Vater Goriot
Roman. Deutsch von Rosa Schapire. Mit einem Essay von W. Somerset Maugham

Verlorene Illusionen
Roman. Deutsch von Otto Flake. Mit einem Essay von Hans-Jörg Neuschäfer

Glanz und Elend
der Kurtisanen
Roman. Deutsch von Emil A. Rheinhardt. Mit einem Essay von Oscar Wilde

Cousin Pons
oder Die beiden Musiker
Roman. Deutsch von Otto Flake. Mit einem Essay von Stefan Zweig

Tante Lisbeth
Roman. Deutsch von Paul Zech. Mit einem Essay von Hugo von Hofmannsthal

Das unbekannte
Meisterwerk
und andere Erzählungen
Deutsch von Heinrich E. Jakob, Viktor von Koczian, Max Krell, Paul Mayer und Ernst Weiss. Mit einem Essay von Georges Simenon